고려대학교 평생교육원 시창작과정
2016년 1학기 엔솔로지

가슴에 이는 파도

임서정 外

문학공원

지도교수
김순진

재학생 명단

김근숙

김나여

김매절

김무늬

김상선

김석중

김소미

김소현

김순수

김재농

김태경

김태연

김태호

노지윤

문 옥

박미향

박서영

박현웅

배은숙

손정애

성유순

신명수

신연두

윤경옥

윤순묵

이명희

이종순

이형근

이혜수

이희야

임서정

임진이

전하라

조은숙

최길숙

한상현

한성춘

한지영

홍명자

고려대학교 교정에서

권금주 시인 출판기념회

청산도에서

순천만국가정원에서

서울숲 야외수업

졸업여행

울산대왕암시화전

2016년 1학기 수료식

김태연 저서 출판기념회

졸업여행

울산반구대 암각화 앞에서

불국사에서

고려대학교 평생교육원 시창작과정
2016년 1학기 엔솔로지

가슴에 이는 파도

임서정 外

문학공원

책을 펴내며

판단하지 말고 동화되어야

김 순 진 (지 도 교 수)

지난 한 학기는 정말 많은 일들이 있었다. 행사도 많았고 배움도 컸다. 따라서 우리들은 십년을 함께 한 듯 깊이 정들었다. 외국인들은 정이라는 말을 잘 이해하지 못한다. 정은 돈을 주고 살 수도 포장해서 나눠줄 수도 없는 것이다. 말하자면 비가 온 후에 떨어진 벚꽃잎 같이 여전히 아름다운 것인데, 시를 쓰는 사람들이 사용하고 있는 시어는 일반들이 사용하는 언어와 다르다. 일반인들은 언어를 정의하려 들고 시인들은 언어를 동화시키려 한다.

지금은 특별한 이슈가 없는 세상이다. 개인과 집단이기주의만 팽배할 뿐이다. 봄바람은 이기심이 없다. 작은 나뭇가지에도 훈풍이 불어 잎을 틔우고 큰 나뭇가지에도 훈풍을 불려 앞을 틔워준다. 돌 또한 누구에게 눌리든 누굴 누르든 상관치 않는다. 잠시 바람이 분 듯, 잠시 눌린 듯 살면 나도 꽃이 되며 바위가 될 수 있는데, 꽃이기를 포기하고 썩고자 한다. 바위가 되길 포기하고 바람에 날리거나 물에 떠내려가려 한다. 너무 빠른 판단 때문이다. 바람이 되고 바위가 되며 나무가 되면 된다. 마치 자기의 판단이 무조건 옳은 것처럼 생각하기 때문이다. 우리는 판단해서는 안 된다. 동화되어야 한다. 내 눈에는 물속의 젓가락이 꺾어져 보일지라도 그 젓가락은 여전히 올곧고 성하다. 내가 그렇게 볼 뿐이다.

마음을 통과하여 나타나는 빛은 스펙트럼 현상이 나타내 무지갯빛을 띈다. 마음을 닫으면 스펙트럼이 될 수 없다. 고려대 평생교육원 시창작과정에서 시를 공부하는 사람들의 시에서는 나타는 빛, 즉 희망의 스펙트럼 현상이 나타나며 딜레마에 걸린 현대인의 삶을 재편성하여 희망으로 엮어낸다. 시인에게 꽃은 미적 존재가 아니라 관찰적 존재이며 자아실현을 위한 반성의 도구이다. 아름다움을 기르기 위해 꽃을 심는 것이 아니라 뿌리의 수고가 얼마나 위대한지를 보기 위해 심는 것이다.

시인은 밥으로 살지 않는다. 꿈으로 산다. 시인에게 필요한 것은 오만원권 지폐가 아니라 나뭇잎 한 장이다. 근사한 레스토랑에서의 비싼 한 끼의 식사가 아니라 개망초꽃 흐드러지게 핀 묵정밭과의 만남이다. 멋진 양장 한 벌이 아니라 좀 정신이 나간 듯 귀에 꽃을 꺾고 히죽거리며 웃는 웃음이다.

가장 시다운 일은 시답지 않은 정치, 경제, 명예를 좇는 일이 아니라 쪼그리고 앉아 개미의 이사를 바라보는 일이다. 좌판을 펼치고 앉아 냉이 한 줌 팔고 있는 노파의 거친 손을 바라보는 일이다. 유모차에 파지를 주워 싣고 언덕을 오르는 노파의 굽은 등 위로 지고 있는 태양을 바라보는 일이다.

30년, 50년 전을 되돌아보자. 너무나 부유하고 위대하고 대단한 우리들이지 않는가. 가난하다고 마음먹은 당신은 진실로 가난하며, 부자라 마음먹은 당신은 진실로 부유하다.

2016년 7월 20일

CONTENTS

CONTENTS

3부. 내 마음의 히말라야

4부 다시 하늘을 날자

초대시

김순진 (지도교수)

밀어주세요 外 2편

김 순 진

녹번역 5번 출구 데크 옆에 있는 만화도서관
문짝에 쓰여 있는 말, 밀어주세요
세상에나 그동안 우리들이 얼마나 화를 내며 살았으면
저런 말을 써 놓았을까
이리와 봐요 귀 좀 빌려줘요
멋지세요 예쁘세요 아름다우세요
밀어를 드리고 싶다
저 도서관에 들어가면 만화 같은 일이 생길 거야
우랑바리나바람 뺏따라까뿌라니아 커져라 얍 으랏찻차자
손오공이 주문을 외우며 바꾸고 싶은 세상은
정의에 대한 도전이 아니었을 거야
진리에 대한 도전이 아니었을 거야
밤마다 별을 가슴에 들여놓으며
조곤조곤 속삭여달라는 주문이었을 거야
밀어주세요
밀어로 속삭이지는 않더라도 제발 고함치지 말아주세요
윽박지르지 말아주세요
한참을 상상 속에 빠져 있는데
누가 불이 났다고 신고를 했나 보다
소방차가 웽웽거리며 출동하고 있다

하나님 제발 부탁인데요
서민들 놀라는 일 좀 못하게 말려주세요
차근차근 살다보면 좋은 일이 온다며 밀어주세요
마른하늘에 날벼락치는 일은 제발 삼가해주세요

성인교육

중학교 동창회 밴드에서 친구와 무슨 농담 끝에
안산으로 놀러오라기에 서울에 살지 않느냐 물었더니
집은 서울, 직장은 안산이란다
그래서 내가 일주일에 한 번씩 안산으로 강의를 간다고 하니까
몇 시에 하느냐 묻는다
밤 여덟시부터 열시까지 두 시간이라고 하니까
무슨 강의를 밤에 하느냐 묻고
다른 친구가 덧글로 끼어들며 성인교육이란다

그래 성인교육 좀 하고 싶다
예수 석가모니 공자 소크라테스
모두 모아놓고 교육 좀 시키고 싶다
인간사 소소한 일에 끼어들지 좀 말고
제발 꺼져달라고 일장 훈시하고 싶다
우리에게 스승은 바람만으로도 족하다고
비 오고 눈 올 땐 밑줄을 그어 익힌다고
그러니 했던 말 또 하고 또 하는 능력 없는 교수짓 그만 하시고
오래된 책처럼 책장에 끼워져 있든지
물먹은 책처럼 뿌루퉁한 입술을 닫고 계시든지

밥상머리에서 배고프게시리, 기도해라
베풀어준 것도 딱히 없으면서, 자비를 베풀어라
아무리 위해도 가난한 건 마찬가진데, 조상에게 절해라
촌놈이고 돈 없고 빽 없는 거 다 아는데, 너 자신을 알아라
그런 귀신 씨나락 까먹는 말 이제 그만 좀 하시라고
성인교육 좀 하고 싶다
그냥 친구들과 음담패설이나 늘어놓으면서
거룩하지도 복잡하지도 않게 살고 싶다

씀바귀꽃

잇단 사업 실패에다 출판사까지 차려 반지하에 산 지 15년 만에
응암동을 떠나 불광동으로 이사를 왔다
그토록 인사성 밝다는 내가 바쁘다는 핑계로 형제처럼 살던
이웃들에게도 인사를 못하고 와 늘 마음이 찜찜했다
그런데 내 전화번호를 아는 이웃들도 사는 게 뭐 그리 바쁜지
요즘 왜 안 보이느냐, 전화 한 통 없어 인사를 가려던 마음이 싹 가신다
그래도 내 도리는 해야지 하며 인사를 돌다가 내가 살던 집 옆의 채소가게 할머니한테 찾아갔다
우리 집에 푸성귀를 대주느라 배추떡잎처럼 거칠어진 할머니의 손을 매만지다가 목이 메인다
하여 진열된 늙은 호박한테 안부를 묻고 돌아오는 길발이 떨어지지 않는다
가만히 쪼그리고 앉아 들여다보니
노란 꽃 네 송이가 피어 있었다
그동안 우리 네 식구가 씀바귀같이 산 세월을 격려하며 골목이 주는 선물이었다
그들도 우리처럼 반지하에 세들어서
웃음을 잃지 않고 살고 있었던 것이다

1부.
꿈이 푸른 사람들

나목 환상곡

김 나 여

마지막 한 잎마저 삽상하게 보냈지
가지에 웅크리던 더부살이 미련
소리와 결별하고 적요의 싹을 심더군
가을 그리움에게 유통기한 귀띔했지
까치밥은 없다고
그의 입에 물릴 사연
백지처럼 동면하더군
깊었던 발자국 머릿결로 매끈 빗질했지
움푹 패인 눈물 설 곳 잃어
왔던 길로 되돌아가더군

태양의 뼈대로 낯을 우리고
함박눈의 살결로 밤을 덮어
이 꾸덕꾸덕
근육질 좀 보게나

칼바람의 포근에
텅 빈 들판의 풍만에 흠씬 젖으며
흔들흔들 취해 보려네
겨울의 빗장뼈에
나의 노래를 실어 보려네

바람과 갈대

박 서 영

오시지 않을 듯 떠나신 당신
나를 세차게 밀어내고 가셨지요
그러나 나는 당신이 다시 오실 줄 알았어요
그래서 강가에 나와 당신을 기립습니다
저 만치에서 당신이 오시는 소리가 들려옵니다
당신은 내 머리카락을 매만지며 노래를 부르십니다
당신과 내 주변에는 꽃이 피고
새들이 몰려와 축하의 화음의 터뜨립니다
그런 당신과 나는 영원히 함께 할 운명입니다

그 까닭은 나 없는 곳에서는 당신이
외로워 울 것을 잘 알기 때문입니다

감자꽃

성 유 순

오랜만에 교외로 나갔더니
벌써 감자꽃이 피었다

아마도 나를 꽃이라 친다면
나는 만발한 감자꽃이었을 거야
친구들이 고무줄놀이하고 있을 때
나를 위해 마당 한 켠 불 지피고
감자를 구우며 눈물을 흘리던 그 아이
통통 살 오른 생선 몸통만 먹은
그 아이 머리에서도 감자꽃 피었지

감자꽃이 추억의 밭에서
다시 피어나고 있네

파도

최 길 숙

얼마나 오고 싶었을까
그 힘든 객지생활 하느라 얼마나 힘들었을까
울컥 울컥 설움이 북바쳐온다
서럽게 서럽게 울어도 본다
내가 앓고 나서야
비로소 알게 되었네
파도는 신이 나서 덤벼드는 게 아니었음을
서럽게 우는 눈물이었음을
먼 고향을 떠나와 홀로 견뎌온 나날들
결혼이 모든 걸 해결해줄 것이라는 꿈은 물거품이었네
세상살이는 저 파도처럼 홀로 견디다 되돌아가는 것
오늘도 나는 홀로 견디며 삶의 파도를 넘는다

새들의 정부종합청사 外 2편

김 근 숙

차가운 문이 온 몸에 감전을 일으킨다
철문 사이로 삼십 년 삶의 애환들이 스친다
두근거렸던 첫 출근의 설레임이 그리움으로 욱신거리고
바람 같은 순간이 수많은 계절 위로 날아다닌다
발소리조차 떠나간 정원에는 몸살 앓고 얼굴 내민
자목련의 기침소리 들린다
대나무 숲에서 낮잠 자던 새들이 깨어나 서러움에 마중 나오고
힘들게 병마와 싸워 이긴 소나무가 부스스한 머리로 손을 흔든다
섬마을에서 갓 시집 온 옥잠화도 생명 잉태로 핼쑥하다
들고양이가 먹이 찾아 밥그릇 뒤적이다 도망간다
'무진장'이라 쓰여진 그릇은 따라가지 못한 듯 무진장 슬퍼보인다

문 안의 긴 기다림이 노아의 방주를 시작한다
문밖에 나설 수도, 열어도 볼 수도 없는 암흑이다
장대비 내리는 침묵의 기다림은 약속된 무지개로 나타날까
잠긴 문 안에서 동동거리는 발들의 합창소리 들린다
입시, 취업, 결혼… 악보의 리듬이 물향기로 피어오른다

5층 건물보다 훨씬 웃자란 메타세쿼이아에는 새 가족이 이사 중이다

새 청사의 완공으로 지방이전 이후 닫힌 정부종합청사는
새들의 정부종합청사가 되었다

식탁 위 합창제

밥들의 향기로운 선율이 새벽선잠을 깨운다
흰밥의 바이올린과 잡곡밥 피아노가 파트연습 중이다
흰쌀밥은 시부모님 아리아
잡곡밥은 며느리의 가곡 파트다
오늘의 합창제는 모두가 연주자다
상추 깻잎 풋고추가 팔분음표로 부지런하다
구수한 된장국 음계가 건반 위를 걷는다
바다 향을 안고 온 미역줄기가 바이올린 리듬을 탄다
콩비지 녹두전 감자조림의 선율이 목으로 넘어간다
스타카토로 뛰어다니는 보리차
냉이 쑥 미나리가 랩의 리듬을 연주하며 보컬을 꿈꾼다
식탁에 둘러앉은 운명교향곡
나의 손끝에서 완성되어가는 봄의 합창제
커피 한 잔의 도돌이표
딸기의 후렴이 감미롭다

튤립의 음악회

도레미파솔, 모두가 떠나간 청사 정원엔
고고한 튤립 그룹의 봄날음악회가 한창이다
두 세 사람의 뜸한 발길을 위한
튤립합창단 연주에 꿈길을 걷는다
꽃향기에 취해 다다른 곳에 튤립피아니스트 희아가 앉아있다
자목련 바이올리니스트를 제치고 당당히 앉은 튤립 피아니스트
가냘픈 튤립 손가락은 힘찬 운명교향곡으로 꽃잎을 흔들었다
환희의 곡조가 울려 퍼지는 노을빛에 어리는
첫사랑의 풋풋한 아련함이 추억여행으로 이끈다
튤립합창단의 후렴구 율동이 통통 튕기면서 꽃비를 뿌려준다
꽃비는 실개천으로 흘러 호수위에 꽃융단을 깔아놓았다
첫사랑이 꽃물결을 헤치며 나룻배 위에서 연주된다
봄밤을 첫사랑 향기로 수놓은 튤립 소녀의 발라드 연주
활기찬 심장리듬이 절정에 오른 봄꽃음악회

나는 어느새 꽃길을 16분음표로 경쾌히 걷는다

화음 外 2편

김 매 절

윤중로, 위태로운 도촬의 표적에도 너는 여전한 허용으로 문을 열지
길섶, 엷은 공기의 분출로 물향기 풀꽃잎으로 먼저 나와 와락 안겨져 오지
안개, 아무런 치장 없이도 바람의 입질로 새벽을 불러내지
목소리, 달팽이관 사이로 가녀린 너를 듣지
떨림, 그날 내 눈가는 태양의 흑점보다 더 뜨거운 물질로 달궈졌지
품새, 기어이 내게로 와 곧 일어날듯 했지
나비, 저 혼자 목울대까지 차오르다 날아가는 거야
학, 마치 슬픈 모가지를 길게 빼고 말이야
이륙, 고매한 향기 사이로 황급히 내려오는 너
나, 휘청거려도 너는 고른 숨결로 오지
멀미, 얼마나 향기로운지 백설보다 더 희지
균형, 함부로 다가와 쓰러져도 좋으리
망설임, 너는 머뭇거릴 줄도 모르지
해로, 함께 천년만년 살자고 묶어 놓고 달 하나를 띄웠지
꽃등, 온통 어둠을 밝히는 밤,
서쪽하늘, 밤새 슬로프 타고 아래로 아래로 흐르는 너
젊음, 여전한 우리의 걸음은 젊어

유희, 점화되어 오르는 관능처럼

화음, 아름다운 목소리는 마음에서부터 시작되지

라일락

너는 술래,
빛깔 고운 우산들이 키 작은 아이들을 꼭꼭 숨겼네
한바탕 소란으로 늦봄의 경계를 삼키네
에메랄드 초록 등이 일몰을 대신하네
창문 크기만큼씩 고요가 어둠을 잘라 먹네
닫힌 새벽이 꽃밥 커튼을 들어 올리네
말간 얼굴 디밀고 이슬을 달고 있네
동그마니 다산으로 아침이 열리네
비 그친 사이 펼쳐진 젖은 오후를 접네
비장의 꽃불들을 마구 밝히네
서둘러 화관 만들어 머리에 얹네
아이들의 꿈들이 한 뼘씩 자라나네
오래도록 낙화향 열매를 걷었네
오롯한 절기 뜻밖의 작별을 심었네

비대해진 시간들이 잠시 멈춰서네
초록 탐색이 각도를 맞추네
사각 지대 출사표가 머뭇거리네
다물지 못한 그리움을 꾹꾹꾹 눌렀네
보랏빛 슈트 진한 향낼 담네

서툰 몸짓으로 너를 놓네
너를 채워 안고 난 후 가끔은 너를 잊네
너는 그 자리에 있고 홀로이 오월은 가네

꿈이 푸른 사람들

아버지를 만나러 요양원에 들렀다
그곳은 리아시스식 해안
드난하는 생의 파도가 얼마 남지 않은 그들의 삶을 부식시키고 있다
해녀의 휘파람으로 멱을 감는 바다의 낯달은 무척 차다
그 장단에 사내의 요동은 더욱 푸르다
요양을 원하나 원치 않는 사람들이 바다 위에 누웠다
축축한 실어증 마술에 걸린 채로 보양식 명줄 하나 덩그러니 걸렸다
노상 여린 출입문 허용을 요하나 걸음 멈춘 지 오래다
아버지보다 엄한 보초병 제압의 눈빛이 괴괴하다
훤한 대낮 정착 속 밀실 요양은 별빛 반란을 꿈꾼다
환골 탈퇴한 구멍 숭숭한 무, 입맛을 다시고
고봉으로 올려 먹던 흰쌀밥 죽으로 대신한다
청자문양 접시 위로 유유하던 젓가락질 버려진 입술이 보채듯 채근한다
부실한 목 넘김이 혼선을 빚는다
호령하던 외마디 속 항로의 이탈도 미식의 움직임을 제지한다
해녀의 물질에 점점 가벼워지는 사내
뱃전에 젖은 꿈들이 수면 깊숙이 푸르러 간다

오늘의 나쁜 황사 미세농도는 아버지의 기침을 내게 전이시킨다
함부로 구매할 수 없는 제복 위로 두 손을 모은다
아이들의 눈시울이 팔월의 태양보다 뜨겁다
사방으로 막힌 문,
신이시여, 마지막 하늘 문을 활짝 열어주소서
침상마다 고독한 몸들이 꿈의 옷을 미역처럼 걸치고 퇴원의 꿈을 꾸고 있다
병실 가득 푸른 꿈들이 출렁이는 정오
내 심해의 식인 상어가 내 가슴을 물어뜯는다

분양받지 못한 언어들 外 2편

김 무 늬

하늘을 보고 하늘이라고 쓴다는 건 당연하다
이미 분양되어 특허까지 받은 모든이들의 공통된 단어이다
숫자 1을 1이라고 지정 받으니 분명 1이다
배를 곯다 곯다 이미 팔린 몸
그의 몸값은 얼마였을까
언어 하나마다 값은 누가 정하였을까
분양되지 못한 언어들이 어둠속에서 꿈틀댄다
곯, 숝, 맚, 촳, 밦 등
아직도 무수한 언어들이 세상을 향해 뛰어들 준비를 하는데
우리가 알고 있는 언어들만 다는 아닌 것이다
명품가방으로 도배한다하여 그의 인생이 명품일수는 없듯
값으로 말할 수 없는 값진 것들이 천지로 빛을 잃고
작은 희망 한 톨로 마음의 집을 짓는다
빛나는 언어들이 인간의 총애를 받았다면
깨어나 보지 못한 저들에게 언어의 존재를 씌어주고 싶다

가묘

제과점에 들렀다
둥근 빵이 공갈빵이란 이름을 달고 나에게 손짓한다
그는 거짓말쟁이, 혹은 공갈쟁이다
그런데도 그는 인기가 많다
빵이 아니라는 말인가 자꾸만 호기심이 발동한다
비어있다는 걸 알면서도 공갈빵을 뜯어먹는다
텅 비어 있는 빵 속에 기대가 쏟아져 들어간다
빚어지던 날부터 헛바람으로 자신을 위장하고 부풀렸던 빵은
부풀렸던 마음만큼이나 공허했을 것이다
호기심을 빵빵하게 채운 빵은
한 순간에 폭석 주저앉는다 해도 두렵지 않다

신발 한 켤레 쌀 한 줌 들어있지 않는 아버지의 둔락
그곳에는 침묵과 망각만이 들어가 산다
살아생전 따뜻한 손 한번 내밀지 못한 아버지의 봉분 옆에
자신의 가묘를 만지는 어머니의 손이 가늘게 떨린다
살아서는 건널 수 없다는 요단강 가에서 담담하게 지켜보신다

히스토리 혹은 히스테리

그가 누렸던 권력 끝에 남은 건 단돈 몇 푼
그렇다면 그는 어쩌면 가장으로서의 능력은 제로다
붉은 안장을 차고 황금 곤봉을 휘두르고도 국가의 안위를 위한 군주의 희생이었다고
말하고 싶은 것이다
영원한 나의 군주여 그대의 손등에 입맞춤하려네
진정한 시대의 영웅이 아닌가
아, 그렇다면 그 어린 꽃잎에 대고 무참히 소나기 퍼부었던 당신은
한 나라의 구조자라고 말하고 싶은 것인가
그 찬란했던 황금 빗장을 열고 미련 없이 대문을 나설 때
그래서 모든 걸 내려놓고 하행선 열차표 한 장 치켜들며
자랑스럽게 손을 흔들어주었던가
귀신도 안 물어 갈 권력의 힘으로 수많은 생명을 앗아가고도 순한 눈빛으로
그리도 당당하였던가
어린 여자아이의 젖가슴을 유린하고 그 음부에 쇠망치를 들이대던 당신은
진정 국가의 안위를 위한 것이라고 그렇게 말하고 싶은 것인가
구천을 떠도는 영혼들은 아직 잠들지도 못하였건만

나의 권력은 이렇게 투명하였다고 그렇게 말하고 싶은 것인가
부자는 망해도 삼년은 산다는 데
그렇다면 지폐 몇 장이 새끼를 쳐서 또 다시 예전의 영화를 누리고 있단 말인가
빌어먹을 세상,
하루에 열두시간의 노동에도 매일 끼니 걱정을 해야 하는 나는
세상의 무능력의 결정판이라고 매도하려는가
이런, 개도 안 물어 갈 그 붉은 안장의 힘

영화를 꿈꾸다 外 1편

김 상 선

영화를 본다
의자에 몸을 맡긴다
나는 영화가 소문처럼 재미있을 거라거나
생각만큼 재미없을 것 같다는 아무런 기대는 없다
그냥 궁금증 하나로 스크린을 바라본다
의자는 나를 태운 채 깜깜한 긴장 속에 암흑을 뚫고
깊은 우주 속으로 깊은 바다 속으로 세상 속으로 여행한다
한 번도 해보지 않은 주인공의 경험이지만
내가 원하지 않던 주인공의 인생이지만
손을 꼭 쥐고 조마조마하며 주인공의 발걸음 따라간다

예측 가능한 세상은 의미가 없다
수없이 잡히다가 결국 탈출하는 빠삐용처럼
우리도 사는 동안 끝없이 영화필름을 돌려야 한다
영화를 보는 나는 영화를 꿈꾼다

메밀차를 마시며

메밀차를 마신다
따끈한 메밀차가 몸으로 스며든다
얼었던 몸이 사르르 녹아든다
눈 녹듯 나의 몸에 봄이 오나 보다
다들 봄이 온다고 다들 아우성인데
내 몸은 여전히 겨울이다
여기저기 쑤시고 결리고 감기까지
봄도 나처럼 이렇게 아픈가 보다
새로움은 늘 나를 깨우지만
올봄만은 혹독한 새로움이다
그건 불혹을 지나 지천명에 이르기까지
늘 새로운 봄이길 기대한다
따끈한 메밀차를 마신다
얼었던 몸이 사르르 녹아든다

봄이 나를 마신다
얼었던 나의 계절이 사르르 녹아든다

쑥국 外 2편

김 소 미

앞산 뻐꾸기 뻐꾹 뻐꾹
뒷산 쑥국새 쑥국 쑥쑥국

아지랑이 밭고랑에 달래 냉이 씀바귀
찔레순 꺾어 물고 풀피리 불며 달린다

청보리 피는 언덕에 종달이 휘파람 불면
안지골 가시나들 봄바람이 난다

진달래 꽃 화관 쓰고 대소쿠리 옆에 끼고
노랑나비 흰 나비 훨월훨 나폴나폴
연분홍 치마 휘날리며 쑥 캐러 간다

영자야 순자아 옥이야
부르시는 엄니 목소리에 화들짝 놀란
가시나들 노을 속으로 달음박질친다

그날 저녁 쑥 된장국 밥상에 달님도 별님도
초가지붕 처마 끝에 새하얗게 자지러졌다

내 고향 유월

내 고향 시냇가에
유월이 오면
옥빛 물소리 돌돌 흐르고
찰랑 찰랑 물그림자에
화들짝 놀란 송사리 떼
제 갈 길 잃고 빙글빙글 돈다
쏘가리 버들치도 덩달아
이리 저리 숨바꼭질에 바쁘다
긴긴 여름 해 서산에 걸치면
시냇가 풀숲에 축제가 시작된다
반짝반짝 개똥벌레들의 연등 행렬로
여름밤이 시끌벅적해진다
새벽별이 뜰 때까지

오월의 뜰

연초록 잎새
한들한들 춤을 추네
햇살은 명자꽃 꽃잎 위에
은나비 같이 내리누나

아! 꿈결인 듯
청순한 뜰을 거니네
가슴에 스치는 바람소리
그대 그리움인가

청자 빛 머언 하늘에
목화 구름 흐르고
하얀 수국 꽃 그늘에
안개가 몽실 몽실 피어나누나

나이테 外 2편

김 석 중

아내가 잠을 자고 있다
물을 먹으려고 일어났다가 아내의 속살을 염탐하고 있다
감추고 싶은 그러나 어쩔 수 없이 드러낸
가시 성벽 위에 신상명세서가 모진 바람에 펄럭인다
빼곡한 삶의 궤적들을 봄 햇살의 긴 혓바닥으로 핥고 있다
나는 그 여인의 주변에 살고 있는 한 마리의 텃새
가시덤불 같은 여인의 속살을 쫀다
심장의 고동소리를 물어 나르는 나의 부리엔 혈흔이 묻어있다

턴테이블 위로 돌아가는 엘피판 음반소리
음반 지름 30센티
카트리지가 날 세운 송곳이 되어 돌고 또 돈다
동그랗게 난 길을 따라 가고 또 간다
모나지 않게 살아가려고
세모난 길도 네모난 길도 깎고 또 깎으며
둥굴게 둥굴게 돌아서 간다

저 두 가지의 엘피판은 삶의 고통을 담으며 용케도 살아왔다
어둠을 떠받친 하얀 속살을 바라보는 나는 하얗게 속이 탄다
엘피판은 여전히 까만 속을 읽어주며
우리 집과 나를 흥얼거리게 한다

계단

수도승 한 분 맨몸을 드러낸 채 묵언 수행중이다
온몸으로 날카로운 생의 무게를 받고 있다
바늘 같은 아픔을 침묵으로 삼킨다
목탁 같은 눈망울에 이슬이 맺힌다
오르막 길 끝에서 내리막길의 시작을 깨닫는다
낮은 곳에서 더 낮은 곳으로 흐른다
비우고 또 비워간다
귀를 열어 자연의 소리를 듣는다
눈을 감고 어지러운 세상을 본다
가슴속에 도는 사랑의 피
심장의 고동소리는 봄기운이 밝다
따사로운 햇살 비추는 법당 안
참선하는 수도승 입가의 해맑은 미소가
한 마리 나비되어 날아간다

산사의 한갓진 오후 풍경소리에
그가 가부좌를 더욱 조이며 고쳐 앉는다

내 몸 독경법

욕실 벽면 거울이 벌거숭이 나를 불러 세운다
나는 나를 본다
희끗한 머리칼과 주름진 얼굴
나 아닌 나를 본다
비에 젖은 서글픈 소의 눈
웃음 속의 그늘진 울음
울음 속의 달콤한 웃음들 숨긴 채
눈물은 어릿광대의 과거를 싣고 떠났다
아직 수많은 어릿광대의 영혼들
거리곳곳 활보하며 다니고 있다
흔들리는 백열등 아래 조각난 거울의 파편들
수만 마리 철새들의 울음과 웃음은 이미 떠났다
여러 개의 눈 꽉 다문 입술들이 시퍼렇게 살아 움직인다
피에로의 푸른 꿈이 저 멀리 새장 밖으로 날아간다

시 外 2편

김 순 수

홀로 빗소리를 듣고 있을 때
누군가의 방문은 비신사적이다
그럴 때 너는 징계를 내리듯 딴전을 피운다 섭섭해도 할 수 없다
충전과 방전이 서로의 역할을 교환하며 세워놓은 심심함의 권위를 너는 몰라도 너무 모른다
책들이 내용을 뒤척이는 빗소리 분주한 날 너는 홀로 내홍을 짓고 내가 발라낸 문장의 가시에 박힌다
없는 너는 거래하고 너는 기어이 망할 것이다

애간장에 보관해 두었던
늙은 너 한 편을 끄집어내 읽는다 계절을 베껴 너라고 우기고 싶었는데 각도가 나오지 않는다
너무 정면이다 눈부신 정면은 네가 아니리

너로 하여금 나는
따뜻한 온기를 나누는 시인을 꿈꾼다

겨울과 봄 사이

겨울비가 가만히 쪽창을 짚는 밤
모로 누워 날인 없는 추억들을 간추린다
추억을 간벌하기 좋은 날씨다
적시는 비처럼 적시는 누구이고 싶었다
누군가에게 단비처럼 내리고 싶었다
이 비가 그치면 봄이 이러할진대
폐허 아닌 계절이 어디 있으랴
오가는 계절이 한자리에서 다르게 앓고 있다
겨울 해님이 연신 뿜어내는 따사한 입김은 어느새 봄을 떠올린다
차가움이 묻어나는 건물 외벽 사이사이
아직은 떠나지 못한 고드름이 햇볕을 쬐고 있다
새로운 봄은 우리에게 꽃을 가지고 오는데
나는 누구에게 꽃을 가지고 찾아갈까

정지된 시간

굳게 닫힌 창가로 초겨울 햇살이
따사롭게 비집고 들어오면 그녀와 나는 마주앉는다
창밖은 이를 데 없이 고요하다
하늘의 구름은 흐르지 않는 것 같다
병원대기실은 연신 품어내는 가습기의 젖은 숨소리만 가득하다
그녀가 잠시 멍해진 나를 깨운다
사랑이 소환한 그녀와 고요가 호명한 사랑이
한 켤레의 신발처럼 가지런히 앉아 있다

그냥 이대로 모든 게 고요해졌으면 싶은 깊은 잠
나른함이 어느새 내 어깨에 살며시 내려 앉아 끄덕끄덕 인사를 한다
나와 그녀는 공복의 허기 같기도 하고 강요된 금식 같기도 하다
고요도 나처럼 허기지고 아프다
창밖에 비친 하늘의 구름 사이로 선명히 그어진 여운이만이
초겨울 한낮의 바깥풍경으로 을씨년스럽게 다가온다

야크 똥, 설산에 오르다 外 2편

김 재 농

그는 둔코시 강가에서 태어났다
그는 흐르는 강물에서 설산 이야기를 듣고 설산에 오르기를 소망했다

어느 날 야크가 내려와 풀을 먹었다 그는 야크 뱃속을 맴돌다 똥으로 나왔다 길바닥에 팽개쳐진 똥은 건조되었다 많은 발바닥이 그를 밟고 지나갔다 그는 가루가 되었다 살랑바람 불어오던 어느 날 그는 사람 입속으로 냉큼 들어갔다 사람이 설산을 올랐다 성취의 기쁨으로 포효했다 그가 튀어나왔다 그는 외쳤다

아름답고 깨끗한 히말라야여
내가 설산에 올랐도다

히말라야에 오르는 사람들은 야크 똥을 먹는다
숨차니 입을 벌려야 하고 입을 벌리면 야크 똥이 들어간다
히말라야의 기를 받은 야크 똥
먹고 또 마시니 기가 충천하네

자존심

팔딱팔딱
피라미가 뛴다
파르따파르따
뛸 줄 모르는 꺽지가 따라 뛴다.

널름널름
왜가리가 뛰는 피라미를 낚아챈다
날름날름
턱도 없는 개구리가 피라미를 뺏으려 한다

좌르르좌르르
파도가 해변을 구르는 소리
쪼르쪼르
개울물이 파도소리 흉내를 낸다

만물은 스스로의 길이 있다
괜히 남의 흉내 내다가는 죽도 밥도 안 된다

타닥타닥
메뚜기가 뛴다
들썩들썩
산이 메뚜기 따라 뛰려고 움찔거린다

인간 세상만 그런 줄 알았더니
자연세계엔 자존심도 없는가

산들바람

나는 투명인간이다
그래서 아무도 모르게 가고 싶은 데를 간다
나는 특히 산이나 숲을 좋아한다
그곳에서 쉬거나 명상에 잠기기도 하지만
뭐든 집적거리며 돌아다니기를 좋아한다
맨발로 풀밭을 거닐고 나무 위로 오르기도 한다
풀밭에 나서면 풀들은 나를 보고 일제히 인사를 한다
내가 나뭇잎을 어루만지며 살랑살랑 흔들면 햇빛이 파도처럼 반짝인다.
그 모습이 좋아서 나는 깔깔대며 웃는다
그리고는 꽃을 찾아 떠난다
나는 빨리 가는 것을 싫어한다
언제나 맨발로 사뿐사뿐 여유를 즐긴다
꽃은 나와 손을 맞잡고 춤을 추거나 얼싸안고 입맞춤도 한다
꽃은 한사코 붙잡지만 나는 그녀를 떠난다
나는 가야할 곳이 많다
내가 들에 가면 농부들이 반겨준다.
그래서 나는 그들의 흐르는 땀을 씻어준다
산을 오르는 사람들은 나를 너무 좋아한다
나는 비단 같은 옷자락으로 얼굴을 어루만져 준다

가끔 내가 힘이 들어 쉬거나 명상에 잠기면 그들은 나를 애타게 기다린다
나는 심술기가 발동하여 살금살금 다가가서 와락 얼굴을 감싸 안는다
그러면 그들은 좋아서 어쩔 줄을 모른다

오늘도 나는 왁자지껄 웃음소리가 흐르는
서울 숲을 거닐고 있다

2부.
그리하여 초록

내 고향은 연두 外 2편

김 태 경

애들은 산에 가서 진달래 꽃 꺾지 마라
무더기로 핀 꽃무리는 문둥이 숨어서 잡아간다는 소문이 꽃만큼 피고 진다
지천으로 핀 꽃 한 줌씩 꺾어 우리 서로 꺾어간 꽃다발이 교탁 꽃병에 꽂이기를 기다리지

눈 감으면 병풍 사이로 숨었던 잎이 산을 가로막던 기억들
걸어 내려오는 산 그림자 석양을 감추고
멀리 가는 모습 누군가 지켜본다면 한번쯤 뒤돌아 손 흔들어 줄 텐데
그러면 다시 돌아와 선택을 담아 주고 그림자 어떻게 감추는지 들어줄 걸
나를 나갔던 헷갈린 마음 되짚어 주면서 얼마나 열정이 있었는지 뒤돌아 볼 것을

아버지 배꽃 휘날리던 하얀 두루마기 송아지 앞세우고 장에 가신 날
떡장사 내 엄마 찾으러 따라나선다 두루마기 자락 붙잡고 가는 보폭
걸어서 어림없어 종종종 뛰어야 했어

그러다 넘어져 무르팍 깨지고 흙 묻은 손으로 눈물 비벼
얼굴은 얼룩얼룩 얼룩 소 닮았어
오줌 싼 신발 처벅처벅 업어달라 보채니 보따리 끼듯 옆구리 끼고 갔어
아버지가 사준 딸기나비꽃그림 빤스 얼마나 예뻤으면 치마를 빤스 속으로 넣고
신작로 십리길 업어달라 떼쓸 겨를 잊었을까

눈감으면 바람의 탄력 지렛대로 꽃 길 들려주는 내 어린 시절은 연두

청산도에 가야겠네

살다가 가슴 먹먹해지는 날이면
푸르디푸른 섬, 청산도에 가야겠네
하늘 푸르고 산 푸르고 가슴 푸른 섬
우물 지나면 한 그루의 나무가 기다리고 서있는 곳
층층이 섬이 있고 꽃이 있는 청산도로 가야겠네

손잡고 구불구불 걸어가면 느린 길도
동글동글 잘도 따라오네
나 오랫동안 걸어오다 여기 섰네
그대는 어디서 왔는지 섬은 묻지 않네
하늘이 깔아놓은 이부자리 머리 위 펼쳐있네
초록 그늘 한 장으로 내 시린 눈 가려주네
하늘만큼 넓은 마당이 모두 내 것이네
스륵스륵 돛대 밀리면 타작 미로 미끌리어
미역 디포리 다시마 타작하는 곳
그곳 엄마랑 같이 갔던 방앗간 있고
그 방앗간에는 나보다 한 뼘이나 큰 소년이
멀리서 맴맴 엿보고 있었네
나는 엄마 치마폭으로 숨었다 숨었네

삼촌이 소 몰고 쟁기질하던 곳
그 소년이 여전히 엿보고 있는 곳
주야장창 푸른 사람들이 모여
푸른 꿈을 꾸고 사는 섬
나는야 청산도로 가야겠네

물의 발자국

폭우가 내리는 길거리 공원은 온통 물바다
공중에서 달려와서 착지한 순간
돋아나는 왕관들이 튀어 오르네
별 점들이 발을 들어 올리네
떨리는 음성으로 탭댄스를 하네
잠시 머물렀다가 돌고 돌아가는 결
고운 결을 어느 디자이너 솜씨인가
음악을 접고 접어 주름결이되었네

지난여름 해변에서 그리던 님이 오시는지
규칙 없는 리듬은 번역하지 못할 비밀을 업고 오네
낮은 곳으로 달려가는 그대여 그대는 어대로 흐르는가
그대 이마에 우표 한 장 붙여줘야겠네
가다가 가다 잊었던 님도 만나고
가다가 홀연히 떠난 님 만나거든 이잰 밉지 않다고 전해주게
몇 십 년 묵은 애인까지 꺼내서 펴보는 습관이 있네
우산에 이마를 부딪치는 비명은 요란하지만 임의 소식은 없네
물에 베인 상처는 오래가지 않아
이제 추억은 자진 포복했지

그대가 떠난 뒤 나뭇가지에 수정이 열매로 주렁주렁
흐뭇하게 위로하네

엄니의 꽃상여 外 2편

김 태 연

상여꾼이 두 팀이었죠
여덟 명이 한 조로 구성되었죠
요령잡이의 구성진 가락에 발을 맞춰갔죠
노년에 몸 담아계시던 집을 떠날 때 노잣돈 봉투를 불렀죠
봉투 두 개로는 적어서 발이 안 떨어진다며 좌우로 흔들어대죠
봉투 세 개 안주면 억울해서 못 간다며 너스레로 제자리 걸음만 하죠
봉투 세 개를 받고서야 애꿎은 요령잡이가 왼발을 선창했죠
구령에 맞추어 핫 둘 핫 둘 상여꾼들이 바쁜척하죠
요령잡이 순흥이의 장난기가 또 발동하죠
누군가가 높이 떠도는 구름 따드리게 어서 가자 했죠
개구쟁이 상여꾼들 십여 미터 가다간 또 멈춰 서죠
눈 지그시 감고 갖은 사설 늘어놓죠
빤히 알면서 없는 큰사위 나오라며 능글거리죠
화창한 오월을 즐겁게 가자했죠
마을 상조회 청년들 슬슬 합세해 거들죠
흐드러진 아카시아 꽃길 기쁘게 가자했죠
구령에 따르던 상여꾼들 한 수 더 뜨죠
봉분 마지막 뗏장에 큰누나 봉투 놓으라했죠
아니면 절대로 집에 못 간다고 보챘죠

가족이 준비한 30개의 봉투로 그들의 말에 응해주었죠
주인공은 만인의 어머님이시던 예진아씨였죠
화창한 봄날 그 어머님이 그렇게 꽃길을 떠나셨죠

칠점박이 무당벌레

입춘 지나 우수경칩 중간에 출생한 그녀
부용산중턱 부용산사 아랫집이 그녀의 집이다
집이라고 해봤자 고작 무청시래기 엮어 울타리를 친 것이 전부지만
그는 부모 형제 없는 외톨이다
틈틈이 공양 간 문턱을 넘보지만 문전박대 당하기 십상이다
숱한 불자들의 발길이 잠잠해질 때까지 기다릴 수밖에 없다
평소 고운 옷을 즐겨 입는 그녀
까만 물방울무늬의 붉은 옷을 걸치고 외출할 때면
쉽사리 눈에 띄어 해를 당할 수도 있다
평소엔 입버릇처럼 관세음보살 옴마니 반메훔을 반복하던 그들이
작살무죄진언 옴 일체유리사바하 주문으로 내몰기도 한다

공양 간 문턱을 넘으려고 호시탐탐 기회만 노리는 그녀
바쁠 봄날을 대비해 먹을거리나 장만해볼까

이슬 표류기

안개 짙은 어느 날이었지
나는 서울외곽 작은 고을에서 태어났지
그리고 이내 황사바람에 언덕 아래로 곤두박질쳤지
가까스로 일어서다간 비틀거렸지
가시덤불에 찔리고 계곡에 처박혔지
이대로 가다간 명대로 못살 것 같았지
갈기갈기 찢긴 상처를 다독이며 강으로 떠났지
폭풍에 휘말린 잡동사니들이 덩달아 뒤따르고 있었지
잡다한 이웃과 버무린 흙탕물로 앞뒤를 분간키 어려웠지
어지럼증에 시달리며 탁한 강을 헤쳐 나갔지
어찌어찌 헤매다가 바닷물을 만났지
짠물에 목욕하곤 가까스로 스티로폼 배에 올랐지
방향감각을 잃은 터에 밤새껏 싸늘한 허공을 맴돌았지
고향 찾아 가려고 동이트기를 애타게 기다렸지
드디어 내게도 기회가 주어졌지
따가운 햇살 듬뿍 받고 창공으로 올랐지
구름으로 떠돌던 다음날 새벽녘
싱그러운 잔디 위로 살포시 내려앉았지

카펫 길의 초대 外 2편

김 태 호

꽃가루가 쏟아진다
별송이가 날린다
목멱산 둘레길은 꽃무늬 별무늬 카펫을 깔았다
아직 레드카펫 밟지 못한 그녀는
꽃무늬 구름타고 분홍계단 오른다
바람이 스치면 가루 잎이 눈송이 뿌린다
발아래 아지랑이 타오른다
새둥지 파마머리 숲속에 눈꽃이 핀다
할머니 뻥튀기 구경했어?
아니
머리에 튀밥이 수북하잖아
손녀는 그녀를 무릎위에 눕히고
녹지 않는 눈 잎을 족집게로 따 모은다
매니큐어 손톱 같은 연분홍 홑잎이
머릿니 서캐처럼 흰머리 속속들이 박혀있다
참빗으로 빗기렴
싫어 안 돼
뭣 하게
손녀는 그녀의 소녀 적 흑백사진 머리에
한 잎 두 닢 별무늬 화관을 씌운다

빛바랜 저고리 동정에 꽃목걸이 걸어 준다
딱풀로 꼭꼭 눌러 푸석바람 막는다
있잖아 이 사진 코팅 할 거야
내 얼굴 꼭 닮았네 예쁘지?
할머니도 스타 되셨네
사진 속 소녀가 수줍다
주름살 민얼굴이 펴진다

뚝심

그는 믿을 만하고 배짱도 뚝배기다
모두가 망설이며 눈치 보는 껄끄러운 마지막 까지 옳은 일에
발 벗고 나서서 몰리면 모든 것 걸어 놓고 밀어 붙인다
그러나 남의 사다리를 흔들거나 헐뜯거나 모함하지 않는다
간간이 엉키는 주파수가 이명같이 설키면 밤새워 실타래를 고른다
기어코 흩어진 마음을 모아내는 수완은 설득력 강한
합리적인 생각과 믿음만 담은 진실을 지녔기 때문이다
사심을 버리고 참되게 밀고 나가면 이 세상 발가벗은들
부끄러운 길 어디 있으며 못할 일이 무엇인가
때로는 외로운 외길 홀로 걷지만 이 길을 걷고자 스스로 다짐했다
이 길을 걷지 못 한다면 그의 다리는 성치 못할 것이다
발걸음이 떨리든 두려움이 닥쳐오든 걸어갈 것이다
서리 내리고 깊은 겨울 매워도 그의 결심은 얼지 않았다
가슴은 얼음 속의 얼음도 녹일 것이다
그는 한결같이 거울 앞에 떳떳하다

붓

낮에도 별이 그립다네
햇빛이 길을 막아 구름도 밉다네
미운 하늘 커튼 치고
별빛을 묻혀왔다네
새록새록 돋아나는 별가루와
숨바꼭질한다네
이따금
반딧불이 끌고 가는 꼬리 감아
미리내 별을 건져본다네
한 움큼의 꿈 발라
꽃잎에 향 뿌린다네
꿈과 꽃과 극광의 향기 피워
올올이 오로라 수놓았다네
오로라의 극점마다 반짝이는
꿈을 그렸다네

영취산 탕 장어탕 外 2편

노 지 윤

봄철에는 하루에도 수십 건씩 산불이 발생한다
다섯 친구들이 불을 끄려고 길을 나섰다
여수 영취산 꽃불이 활활 타는디 어쩐디어 이 원수년의 불을
모여든 상춘객들이 안타깝다 함성을 토해낸다

통장어탕 집 주인장 대원들에게 고맙다는 인사로 걸판지게 한상 차려낸다
대원 아자씨들 눈구녁이 잠자리 눈구녁맹이로 커져분단께
아따 아 때깔내서 딱 불어진 상에 허기진 배때기 옹골지게 먹고나분께
배꺼죽 터져불것소
사장님 너무 맛나서 쎗빠닥이 안 빠져불었나 모르것소 예
오메오메 주인장님 겁나게 고맙단께라 잉 복받아버리시오
내친김에 톡 쏘는 쐐주도 한잔 카 히불면 끝빨 날 텐디 말이여
민기야, 민지야, 경아야, 대중아 시간이 쫓기것다.
빨리빨리 서둘러라 저 아자씨들 헤벌짝 헌것을 본께
입맛이 땡깁갑다 우리도 통장어탕으로 때우드라고
싸게싸게 서둘러 열차 놓쳐불면 컬난다
자기 선산 불나면 꺼 달라 접수하려 몰려든 상춘객들

영취산 기슭에서 발목 잡혀 봄 가시나 맹이로 봄을 캐던 아낙들
여수 통장어탕 헤엄치는 방죽에 풍덩 빠져불었소
이 노릇을 어쯔야 쓴단가 잉
안개 피어오르는 통장어탕 요것이 말이여
죽은 엄니도 쏜살같이 와불 것 같당께

영취산 꽃불은 넉넉잡고 한 달이 가야 꽃불이 사그라진단다
불 끄던 대원들 기력 빠져 지친 모습 안쓰럽다

꺼먹고무신

겨울 내내 밧줄에 매달아 두었던 돛단배의 잠을 깨운다
오늘은 돛단배 얼굴에 손질하며 갈아놓은
논바닥처럼 골을 내어주어야 물살을 잘 가른다
눈치 빠른 굽 높은 구두가 오형제를 태우고 길을 나선다
좁은 뱃판 위에 땀을 뻘뻘 흘리는 새끼발가락은 몸살을 앓는다
멋쟁이는 싫다며 동심 속 돛단배가 그립단다
새끼발가락을 보듬는 남정네 11호 돛단배는 정이 넘친다
나는 꽃무늬 11호 꽃 조각배가 타고 싶었다.
엄니는 딸인 나를 꼭 남자 돛단배를 타고 다니라 한다
속창아리 빠진 나는 뾰쪽한 사금파리로 구멍을 뚫으며 재앙을 떤다.
"오래 타고 댕기라 돛단배 사 주었구먼 지랄하고 벌써 고장이 났디야"
엄니 걱정 먹고사는 나는 철이 없는 가시나가 확실했다
나는 꽃 조각배가 꼭 타고 싶었다.
"오일장날 나가 큰 맘 먹고 사준 꽃 조각배라니께
애끼 타고서 엥간이 싸돌아 댕기라 잉!"
엄니가 못을 박는다
그땐 나 혼자만이 꽃 조각배 타고 사는 세상인줄 알았다

한참을 잊고 살던 어느 날 택배기사가 똑똑 문을 두드린다
나는 박스를 열다 깜작 놀랐다
아이쿠, 이게 뭐야
엄마 편하게 신으라고 인터넷으로 샀지
딸아이 대답이다

일 년을 신으니 바닥이 닳아 깔창을 새로 갈아 신는다
삼년 신었는데도 아직 더 짱짱하다
딸아이는 버리라 성화인데 몇 년을 신어도 될 것 같은
내 명패는 꺼먹고무신, 꺼먹고무신…

주뎅이 깨방정

침묵은 금이요 경청은 꽃이라는 말이 있다
나사 하나 튕겨져 나와 지나던 개구리 이마빡 벌어졌다
다 늙어서 먼 놈의 공부는 공부여
허연 대가리 쥐나게 시리
차밍댄스나 노래교실 가 놀 것이지
비아냥거리는 옆집 되바라진 늙은 할멈
나불대는 주동이를 자방틀로 달달 확 박아주면
삼년 묵은 챘기가 훤히 뚤 닐 던디 말이여

나이든 사람은 공부하지 말라는 법 있다요
나이든 사람은 출세하지 말라는 법 있다요
어째서 내 꼭지를 슬슬 틀어 불을 붙인다요

글의 감칠맛이 뭔지나 알고서 지껄이는 거여
까만 글밥 퍼넣으면서 까갑헌 걸 못 느끼고만
끈끈한 엿 한 입 물고 있으면 중간은 갈텐디 말이요
너 그 감나무 슬쩍 담 넘어
우리 마당에 그림자 널어놓아도
나가 걷어가라고 말 한적 있습디어
양심 좀 내 보란께나

그렇다고 훌렁 이마 벗어진 붉은 감 하나 따준 적 있소
이웃 좋다는 것이 뭐여
도와는 못 주워도 바가지에 퉤퉤하지는 말아야지 안 그라요
참말로 환장을 하고 팔짝 뛰어불 노릇이란 께라
사촌이 논 사면 배때기 쥐 틀린 늙은 할멈
일일삼성 글귀 되뇌이며 살았으면 좋것단 께라
이 억척이년 불꽃 투혼에 불태우는 열정으로
이몽룡 꽃모자 빼앗아 써버릴 것인께요
두 눈꺼풀에 성냥 꽃트리 끼고 보시오 잉
대문짝만한 사진 한번 걸어볼 것인께
그날을 찾아 코피 터지게 책갈피와 싸운 단께라

산행 外 2편

박 미 향

내 발에는 신기가 붙었나 보다
주말이면 발길이 산으로 향한다
오늘은 어느 예쁜 임이 반겨줄까
두근대는 마음으로 들머리에 들어선다
지치지치지치 수오수오수오 지치
수오수오수오 지치지치지치
이놈들을 캐려고 욕심을 부려본다
산허리를 돌아서 두리번거릴 때
아, 더덕이 내 눈을 반겨준다

또, 저 산으로 옮겨 지치지치지치 수오 수오수오 기다림에
언제 떠들었느냐며 도라지가 반겨준다
어이쿠, 오늘의 산행 물은 지치 하수오인데
엉뚱한 녀석만 눈에 보인다
종일토록 지치지치지치 수오수오 떠돌다 보니
서산에 기운 해는 붉은 노을 속으로 사라졌다

내 맘에 쏙 드는 하수오 지치를 기다렸지만
저기 높은 자작나무 끝에 매달린 자작나무 편상황버섯도 날 유혹한다

너무 높아서 돌아볼 새가 없다
지치지치 수오수오 하며 돌아다닌 난
더덕과 도라지로 마무리 지으며
어느새 축 늘어진 몸은
예쁜 하수오 만나고 싶은 욕심만 가득하다
자연은 언제나 욕심이 없다
내 욕심대로 살면 해가 된다는 것에
오늘도 자연에서 삶의 지혜를 얻어본다

길고양이

햇볕이 나른한 오후
팔베개 구름 삼아 한 잠을 길게 드리는 시간
어디선가 기침을 깨우는 소리
그들의 삶이 찾아들어 얄밉게 요동을 친다
삼각관계인 듯 서로 울부짖는 처절한 몸부림
호젓한 꿈속의 시간을 빼앗았다

세상 살아가는 법도 여러 가지
동물이나 사람이나 그 목소리는 무엇인가
약육강식의 테두리를 벗어나지 못한다
걸음걸이도 채 끝내지 못한 화려한 외출
너울너울 춤추며 사는 인생
채우고 채워도 허기진 배
긴 하루가 낯설기만 하다

부뚜막 인생

온종일 조그만 사각 틀 속에서 씨름을 한다
파 마늘 당근에 아름다운 미각을 내려
기름에 튀기고 프라이팬에 볶아대며
맛깔스러운 음식에 혼을 붓는다
구슬 같은 땀방울에 세월 흐름도 잊은 채

하루하루 같은 일상에 지치지도 않는구나
용광로 같은 불덩이 끌어안고
사랑스러운 가족을 위해
귀하신 손님을 위해
허물어지는 황혼 길에 붉은 노을 적시며

오늘도 나는 부뚜막에서 아침을 연다

늦게 찾아온 사랑 外 2편

박 현 웅

중년의 사랑
에로스적 설레임은 없지만 스토르게적 사랑은 할 수 있다
오월 끝에 찾아간 강원도 홍천 노일강변
초록의 물길이 소리 없이 흐르는 것을 바라보며
그녀와 드라이브를 즐겼다
오십대의 삶이 곤궁할 때 달빛 부서지는 강둑에서
그녀와 2년째 루두스적 사랑으로 무르익고 있었다
그리고 그녀의 풍만한 젖가슴에서 불꽃같은 카타르시스를 느꼈다
오늘 밤 꿈속에서 그녀의 날렵한 허리선을 감싸 안으며
내일의 공연을 준비한다
그녀와 첫 만남으로 가족들의 눈을 의식했지만
몰래한 사랑은 지금도 잊을 수가 없다
그녀의 유희적인 몸짓으로 영혼 불멸인 듯
마른 침샘만 자극한다
그녀의 섹시하고 보이시한 목소리는 솜사탕을 녹이는 듯한
천사의 나팔소리다
그녀와 동고동락은 사나이로써 삶과 동반자로
우리들의 눈과 귀를 화려하게 코디를 해준다
그녀를 사랑한다는 것은 늙은 사내 문지방 넘어가 듯 열애를 한다
또 그녀와 낭만 데이트는 사춘기의 몽정,

오늘도 그녀와 사랑은 창공에 뜬 뭉게구름이다

색소폰, 그녀로 인해 나는 속바지를 흥건하게 적신다

가면, 가면으로 말하다

그녀는 가면을 쓰고 가면무도장에 갔다
누구나 그녀의 가면 속 민낯은 알 수는 없다
그러나 그녀의 가면은 내면의 포장일 수 있다
그녀는 가면 속에서 어두운 마음을 숨길 수 있다는
생각을 한다
그녀가 가지고온 선물의 포장도 가면의 가면으로
치장되었다
그녀의 마음의 가면은 모로 가도 서울만 가면
된다는 가면의 잣대다
그녀는 공원의 벤치 앉아 음정박자 무시한 가면 속 음악대장으로 자신감은 얻는다
그녀는 고향이 그리울 때 가면된다는 가면으로 생각한다
그녀의 꿈도 꿈을 찾아 가면된다는 꿈을 꾼다
감추고 싶은 과거는 가면 속 명령과 관계없이
가면으로 말할 수 있다
나는 가면을 쓰지 않아도 불편한 진실은 진실로
말할 수 있다
이젠 가면의 가면을 벗고 진실의 종을 울려보자

가면 안 돼 가면 안 돼

산타할아버지는 가면 쓰고 밖으로 나가면
그 아이에게는 선물을 주지 않는다

계 타는 날

여명의 눈빛이 창문을 기웃거린다
나는 아직도 꿈속 잠영으로 황홀하다
새벽이면 발끈대는 양기,
일출의 기지개에도 아랑곳하지 않는다

아내가 주말이라며 교외로의 드라이브를 제안한다
모처럼 차를 몰아 한강변을 따라 미사리로 달린다
창문에는 풍경이 수시로 다가와 영화를 찍는다
스테이크와 커피 한 잔으로 망중의 허기를 달랜다
한강 위에 반짝이는 윤슬을 바라보며 웃음을 출렁인다
해묵은 잡념들이 바람에 돛을 달고 구름에 떠나간다
돌나물김치와 냉잇국, 그 자연의 맛으로 달달한 시간을 보낸다
탱글탱글한 자연의 화음,
음률의 미감을 잘게 씹으며 아우라를 느낀다
그녀의 기분 따라 재구성되는 세상사 음률
그런 나는 나를 반영한다

오늘 그녀는 계 타는 날,
바람과 구름과 별과 시를 계로 탄 그녀
내 마음이 윤동주처럼 서럽게 맑다

지란지교(芝蘭之交)의 시간 外 2편

배 은 숙

한차례 후두둑 떨어지는 가을비에 간지럼을 타 다가
저녁 무렵 약속도 없이 길을 나선다
오늘은 누군가를 만나면
사랑한다는 말 한 마디 나누고 싶다
서로의 갈 길은 달라도
그가 나에게 기대고 내가 그에게 기댈 수 있다면
별을 바라보듯 서로의 가슴을 부비는 벗이 되지 않을까
그리운 사람을 그리워하는 사람
바라보지 않고도 기다리는 사람
약속하지 않고도 한걸음에 달려온 사람
그의 가슴에 비가 내리거든
내 가슴에 얼굴을 묻고 울게 하리라
이 순간이 행복하다고, 영원할거라 믿거든
천사 같은 얼굴로 마주 보며 웃어 주리라
나는 오늘 밤 자유로운 한 영혼을 만났다
우리의 시간은 서럽도록 통쾌하게 흘러가고
새벽의 조용한 숨소리를 듣는다
길모퉁이 포장마차 안, 뜨끈한 국수 한 그릇에
후루룩 콧등을 치며 마주 보고 웃다가 별이 빛나는
줄도 모르고 안녕 안녕!

가슴에는 헐렁한 하루가 부풀어
새벽 바다로 떠나고…

물의 집 · 3

- 사막에 가다

오늘 밤은 사막에서 모래 바람이 불어온대요
나뭇잎도 아니고 꽃잎도 아닌데 착지를 정하지 않으면
허공을 통해 올 때 위태로운 밤이 되죠
손가락 한 마디면 클릭이 가능한 세상이잖아요
서둘러 사막으로 떠나야겠어요
대답 대신 질문을 해볼 참인데 은근슬쩍 바람 등에 업혀와 길을
잃었다하고 어둠만 남았다고 중심을 흔들면 난들 어쩌겠어요
문 안쪽에선 바깥을 들이는 일이 그리 쉬운 일은 아닌거죠
더군다나 낭패를 보게 되면 눈알이 뒤집힐걸요
바람의 피 속에 떠도는 유전자 하나가 사막의 모래톱을 비비듯이
우주의 행간을 지우려고 할 거에요
우리가 알지 못하는 일들이 그곳에는 날마다 일어나죠
바람이 사막의 속내를 알아 차렸는지 나를 원해요
별빛이 흐르는 밤하늘을 열어볼래요
사막의 아름다운 계절이 왔어요
두 손을 꼭 잡고 지난날들을 생각 하자고 말해요
지워진 길 위에서 새로운 길을 만들어야죠
오늘 밤은 무수한 별무리 속에 가부좌로 앉아 계신
어머니를 불러 볼래요 어머니 어머니 나의 어머니!

조명 없는 사막일지라도 울림은 있어요
점층적으로 사라지는 것에는 별빛만이 아닐 테니까요
아픔도 그리움도 아름답다는 걸 발견해요
울타리 없는 은빛 모래톱에 깊숙이 몸을 뉘어요

그리하여 초록

어디선가 하늘한 바람 불어와
청라 빛 비단 물감 퍼올리네
앞산 마루에 질펀하게 퍼질러 놓았네

그리하여 어떤 용서의 시간이 시작 되었네
결연해지려던 마음의 고삐는 느슨해져
파랗게 물이 드네
차분해진 살을 공격적이지 않게 통과하네

그리하여 빛의 투시, 초록의 본질을 말하고 있네
만질 수조차 없어 허공만 바라보네
저 넓은 바다로 견인해 갈까 두렵네

그리하여 남모르게 슬픔의 발정이 시작되어도
저항하지 않고 푸르디푸른 계절에 젖어있기로 하네

김밥단상 外 2편

문 옥

무안 해재 갯벌에서 길어 올린 거라며 지인이 햇김 한 톳을 건네주셨다
김에 밥을 한 주먹 놓고 둘둘 말아 간장에 찍는다
풋풋한 해초가 코끝에서 나풀거린다
해안으로 파고드는 파도가 김 가장자리에서 출렁인다
뻘밭을 기어가던 고동이 제 거품을 밟으며 돌 위를 탄다
김 위로 난 구멍은 진흙에 숨어살던 맛조개들 길이다
슬쩍 섞어든 파래에는 가을비에 작황이 어려워 멍든 가슴이 내비친다
고려의 전성기, 청자를 싣고 중국을 오가던 무역선들이 침몰한 급류
그곳에 가라앉은 해저 유물은 어부의 거물을 타고 올라와
종종 개밥그릇으로 얼굴을 디밀었다

식탁에는 어둠이 반찬으로 차려지고 고요가 일어나 문단속을 하는 저녁
깨소금과 참기름을 살짝 친 간장종지에 마른 김 두 장을 올린다
돌 반 조개 반인 바구니를 끼고 뻘로 회칠한 가시내가 희죽거린다
비릿한 그날이 고소하게 입안에 감긴다
나의 바다를 호사스럽게 씹는다

볼락을 손질하며

지인이 문고리에 걸어두고 간 까만 봉지를 일어나자마자 열어본다
볼락 여러 마리가 들어있다
세상에나, 구겨진 얼굴에 잠이 펴지며
밤새 눈치 채지 못한 고양이를 향해 깨알웃음을 웃는다
이순신의 호령 듣고 달아나던 DNA가 새겨진 채
통영에서 한산도로 견내량으로 밤새 쏘다니다가
바다를 잃고 내 앞에 온 생을 싱크대에 쏟는다

왕방울 눈 언니의 별명은 볼락
돌아가신 할머니는 무를 넣어 누구도 흉내 내지 못하는 젓갈을 만드셨다

탄력 있는 근육으로 살이 무른 나에게 자랑하고
심해에서 살아온 푸른빛 맑은 눈으로
얕은 시냇물 같은 내 마음을 올려다보고
흔적 없이 물살을 닫으며 미끄러지던 꼬리로
우유부단한 내가 안쓰러워 탈탈 친다

소금으로 바다 맛을 다시 살리고 불 위로 올린다
유연한 몸짓과 힘찬 기운, 그 그윽한 눈매를

내안에 모셔오는 경건한 의식
창밖에서 눈치 챈 고양이가 나를 부른다

바다, 또 한 번 출렁이다

–통영 윤이상 음악제의 백건우 피아노연주회를 다녀와서

헤어스타일이 생략된 듬성한 숱 위로
하얀 머리칼이 어깨에서 출렁거린다
세상에서 가장 아름다운 날개를 단 그는
침샘에 고인 음률로 바흐와 베토벤과 모차르트를 변주한 부조니[1]를
오늘 밤 무대 위로 불러 세웠다
고개를 빼들고 건반 위를 보고 있노라니
열 마리의 갈매기가 물위를 박차며 날고 있다
처마 밑으로 떨어지는 빗방울소리가 들린다
개나리 진달래 벚꽃의 꽃봉우리 터지는 소리 들린다
아침 바다에 안개가 서서히 피어오른다
머리를 맞댄 연인들이 소곤거린다
아이들의 깔깔거리는 웃음소리가 들린다
포도주 한 잔의 취기가 목덜미로 타고 내린다

펭귄슈트를 입은 노익장이 천천히 무대를 나가고 있다
밀려들던 파도가 자갈밭에서 부서진다
끊이지 않던 함성은 바위에 부딪쳐 포말로 흩어진다
음악홀을 가득 채운 선율의 하모니가 얼얼한 밤
통일을 염원하던 윤이상의 통영바다가 출렁거린다

---

1) 이탈리아의 피아니스트이며 작곡가.

양귀비 外 2편

손 정 애

고운 그녀가 뜰 앞에 서있다
젊음을 불태우듯 아름다운 모습이다
오가며 마주치는 길손들이 예쁘다고 침을 튀긴다.
그들이 뒤돌아서면서 건네는 귓속말
참 보면 볼수록 탐스럽단다
그녀가 걸친 옷이 너무나 아름다워
오가며 만져대니 옷가지가 너덜너덜하다
그럼에도 불구하고 그녀는
마지막 생을 빨갛게 불태운다
비록 짧은 기간이긴 했지만
그녀가 뜰을 밝혀주는 동안 충분히 행복했다

어릴 적 상추밭에 듬성듬성 자라던 양귀비
뜰에 꽃처럼 피어난 그녀가 양귀비를 닮았다
그녀를 맞이한 게 그리 나쁜 일인지
무슨 죄인이라고 단속을 당해야 하는 건지
한 시대를 각광받던 그녀가
왜 그리 괄시를 받아야하는 건지
그녀들 다섯이 모이면 법에 저촉될 만큼 큰 죄라니
모를 일이다

새옹지마를 체험하다

이른 새벽 공양을 준비하려고
통 통 통 계단을 내려간다
바쁜 마음에 한 계단을 건너뛰자 발목이 삐끗 한다
넘어질 듯 앞으로 곤두박질친다
발을 절름거리며 밥상 챙기는 모습에
병원으로 가라 한의원으로 가라 성화들이다
스님께 뜸뜨면 될 것을 웬 소란이람
옆에 있던 작가보살님의 솔깃한 그 말에 약사전 스님께로 향했다
발목을 겹질렀는데 병원엘 가야할까요, 여쭈었더니
병원에 가봤자 깁스밖에 더 하겠어, 하시더니
사향 뜸 대여섯 개를 발목에 꾹꾹 눌러 꽂곤 차례로 불을 붙인다
아픔은 좀처럼 가라앉지 않고 밤새껏 콕콕 쑤신다
밀가루반죽을 부치고 찰밥을 이겨 부치고 치자개떡도 붙여본다
이렇게 통증을 견디며 며칠을 지내던 중
세탁하려고 커튼을 걷다간 이번엔 압정이 발바닥을 찔렀다
아픈 발에 또 고통을 더하니 엎친 데 덮친 꼴이다

잃어버린 암말이 수말을 데려오고
아들이 말 타다 다리 부러지자 전쟁이 난 것처럼
다리 아픈 덕분에 수십 년 만에 어머님과 밥상을 마주해본다
인생은 새옹지마라더니 내가 그 짝이다

설상가상

이른 새벽 통 통 통
공양 준비하러 계단을 내려간다
바쁜 마음에 한 계단을 건너뛰자 발목이 삐끗한다
넘어질 듯 앞으로 곤두박질이다
발을 절름거리며 밥상 챙기는 모습에
병원으로 가라 한의원으로 가라 성화들이시다
이때 작가보살님이
스님께 뜸뜨면 될 것을 웬 소란이람
솔깃한 그 말에 약사전 스님께로 향했다
계단에서 발목을 겹질렸는데 병원엘 가야할까요, 여쭈었더니
병원에 가봤자 깁스밖에 더 하겠어, 하시더니
사향 뜸 대 여섯 개를 발목에 꾹꾹 눌러 꽂곤 차례로 불을 부친다
아픔은 좀처럼 가라안지 않고 밤새껏 콕콕 쑤신다
밀가루반죽을 부치고 찰밥을 이겨 부치고 치자개떡도 부쳐본다
이렇게 통증을 견디며 며칠을 지내던 중
세탁하려고 커튼을 걷다간 이번엔 압정이 발바닥을 찔렀다
아픈 발에 또 고통을 더하니 엎친 데 덮친 꼴이다

그 덕분에 수십 년 만에 어머님과 밥상을 마주해본다
몸 마음이 함께 고통스러운 긴긴 날들이었다

3부.
내 마음의 히말라야

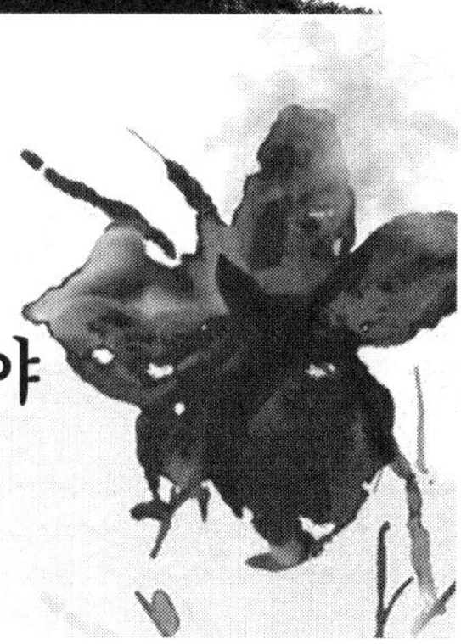

학마을이 꿈꾼다 外 2편

신 명 수

낯설다고 망설이지 않습니다
더럽다고 외면하지 않습니다
가난하다고 비웃지 않습니다
힘들다고 포기하지 않습니다
시작을 두려워하지 않습니다

이런 사람들이 모여 사는 곳을 꿈꿉니다
아름다운 산이 숨어 있다가도 문득 창가에 장승처럼 우뚝 서 있고
깨끗한 바람이 이슬을 머금고 늘 싱그러운 아침의 향기로 다가오는 이곳
착한 사람들이 손을 맞잡고 내일을 꿈꾸며 오늘을 노래합니다

오래 전 정든 학마을[2]을 떠나 외로이 하늘을 떠돌던 그들
따뜻한 가슴과 냉철한 머리로 재무장한 한 무리의 두루미떼
해질녘 아이들의 함박웃음 속으로 사뿐히 내려앉습니다

---

2) 학마을: 방학동의 별칭

오늘

조금은 오만방자한 내일이 거들먹거리며
초췌한 나에게 주정뱅이 어제를 손가락질하며 끌탕을 한다
추억에 젖어 사는 어제가 꿈만 먹고 사는 내일처럼 허망하게 살지 말라며
소심한 나에게 한 마디 던진다
신세한탄과 넋두리로 소일하는 어제에게 못마땅한 눈초리를 주던 내일이
오지 않는 희망은 네 탓이라며 내 앞에서 괜스레 심술을 부린다
집 나간 지 오래된 철없는 내일을 하염없이 기다리는 나를 나무라며
어제의 입에서 끝도 없는 허풍스러운 무용담을 늘어놓기 시작한다
내일만을 짝사랑하던 내가 무심코 던진 말 한마디에 실연의 늪에서 헤어나지
못하던 어제에게 오늘따라 짙은 연민의 정을 느낀다

내일은 어떤 놈이 올지 모르고
어제는 어떤 가면을 쓰고 나타날지 모른다
오늘 그래서 나는 지금의 민낯이 좋다

달 안주

눈 오는 정월 대보름
오랜만에 만난 친구와 심심한 대화를 나눈다
그 옛날 어릴 적 깡통에 솔방울과 잔솔가지를 넣고 힘껏 돌려
지상의 둥근 보름달에 불을 지른다
달님! 달님!
밤새 눈이 내리더니 온 세상을 하얗게 뒤덮었네
한 잔 술에 친구가 장관이 되었다
소주병이 쌓이면서 이제는 대통령이 되어
또 다른 대통령에게 호령한다
마셔도 취하지 않는 이유를 당신은 아느냐고 묻는다
거칠어지는 그의 입에 부럼을 한 입 물려주며 달님에게 빌어본다
달님 달님!
말없이 내리는 달빛과 눈처럼 평온해지기를 바래본다
그러나 커지는 것은 우리들의 추억과 상대적으로 많아지는 공허한 말뿐
그 어느 때보다도 작고 초라해진 보름달을 안주로
친구와 대작을 한다

고려산 진달래 外 2편

신 연 두

꽃다지와 산사의 노랫가락에 그녀랑 발걸음을 맞춘다
등줄기를 적시며 마른입술에 그녀를 부른다
능선이 발등에 부딪히자 분홍빛 그녀가
홑이불을 휘감고 자리에 누워 얼굴을 내민다
사랑방에 수를 놓고 등 넘어 짠물도 그녀를 아우른다
뿌연 하늘은 잿빛을 닮아있고
그녀는 은빛물결 반짝이는 갯바람을 화장대로 삼았는지
연지곤지 화장술에 목덜미까지 뽀얗다
그 옛날 주몽의 놀이터였나
된 바람은 연녹색을 묻혀 나르고 있다
그녀의 입술이 떨리듯 말려 들어가고 나도 시나브로 설렌다
그녀는 사랑방에 꼬마 손님까지 줄을 세웠다
낮달은 늘어진 햇살을 서서히 뿌리친다
갈라진 틈으로 노을과 뒤섞여 바람을 만들고 있다
나는 진즉에 그녀의 매무새에 마음을 빼앗긴지 오래다
또 한 줄기의 바람에 너의 입술 가에 파르르 떨림을 준다
그녀는 내 남편의 애첩이다

잔향

얼마쯤 걸었을까
발바닥이 차갑게 말아올린다
회색빛 통문을 열고서 신발을 벗다
말고 잠시 멈칫한다
붉은 물을 흠뻑 적신 그가 실오라기 하나 걸치지 않고 발목을 붙잡고
내 등을 오싹하게 만든 게 아닌가
그도 물기 머금고 찬바람 부는 밤이
싫었는지 강아지처럼 따라와서는 납짝 엎드려 굽실거린다
짙은 화장을 하고 있는 그는 여느 해보다 길고 긴 여행에 지친 탓일까
늦가을에 와인 빛 촉촉한 입술을 들이밀더니
향기를 전해준다
햇살이 쉬어가라는 위로라고 하자
나도 그도 젖어 사는 날의 연속이다
행여 푸른 하늘빛에 열병이 날까봐
늦은 가을비를 보내 그를 차디찬 땅바닥으로
몰아낸 지도 모른다
조심스레 그의 몸을 양반다리로 앉히자 창가를 서성이던 조각달이 와락 덮친다

밤새 베갯잇에 숨겨두고 그와 달빛을 번갈아 만진다
또 한 계절이 데굴데굴 구르며 울부짖고 있다

내 마음의 히말라야

끈적이는 더위를 안고 길을 나선다
인파 속 친구의 라일락 빛 미소가 용산역을 환히 밝히고 있다
조금 높다는 등산을 처음으로 나선다
속리산 입구 정이품송이 팔을 벌리고 맞이한다
청바지에 빨간 셔츠가 젊음을 재촉한다
좀처럼 흐르지 않은 땀이 내 등줄기를 적신다
그 산허리쯤에서 무작정 주저앉은 나를
친구들은 앞에서 끌어당기고 뒤에서 밀고 있다
문장대는 언제 나타날지 기약이 없다
몇 번의 고비 끝에 문장대 바위를 오르고 있다
흘린 땀방울만큼 울면서 걸었던 길을 돌아다 본다
많이도 올라왔다며 스스로를 칭찬한다
습도가 속리산 둘레만큼 부피를 늘리는 날
체력의 한계를 자책하며 체력장 만점이 쪼그라든다
그땐 구름처럼 두둥실 날고 있었는데
가파른 산에 오른다는 것은 달리기와 달랐다

문득 숨이 턱에 차게 올랐던 문장대가 혈관을 타고 흘러내린다
눈보라 매서운 히말라야에서 가쁜 숨을 헐떡이며
밧줄을 달고 설경을 눈에 담는다

콧수염에 얼음주머니가 생긴다
삼십여 년 전 추억의 문장대를 향해 그리움이 몰려든다
친구들 우정이 히말라야 산맥을 이루고 있다

문장대(文藏臺)에 올랐던 우리들의 문장(文章)은
여전히 아름다운 봄날처럼 푸르다

행운목 꽃피우다 外 2편

윤 나 영

그녀는 18년 전 내가 지금 살고 있는 아파트에 함께 입주했다
지난겨울에도 그녀는 밤마다 달콤한 신혼밤처럼 보냈나 보다
살굿빛 얼굴로 한결 더 성숙해진 그녀는
진한 녹색의 자태로 쭉 뻗은 몸매를 자랑한다
권태기 없이 18년을 해마다 사랑을 나누는 그녀가 부럽다
그러던 그녀가 목이 길어 슬픈 사슴처럼
연둣빛 분칠을 한 배꼽을 수줍게 내밀기 시작했다
몇 날 며칠을 소리 없이 끙끙거리더니
배꼽이 조금씩 부풀어 오르기 시작한다
진통이 오는가 보다
끈적끈적한 양수가 흘러나오기 시작했다
소리 없이 마른번개가 치던 이른 봄 어느 날
그녀는 진통을 겪으며 탄생 축제의 문을 열었다
밤마다 그녀의 아이들이 동화 속 신데렐라처럼 나와
아침이면 베넷저고리만 남겨둔 채 사라져버린다
오늘은 그녀의 머리카락을 어루만진다
무슨 행운이 올까

나는 설레는 마음으로 하루를 연다

비요일

숨바꼭질을 하러 강가로 나갔습니다
숨을 곳이 많은 한강 팔당
바늘 끝에 찔린 가슴 문에 그네를 매고
들켜 버린 추억과 손을 잡지요
조그만 눈 코 입을 매만지며
숨도 멈춘 채 뽐을 내봅니다
세월의 향기 줄은 회한만을 남긴 채
허겁지겁 자동차 유리에 부딪칩니다
반갑게 키스하며 또 다시 신혼여행을 떠납니다

뭘 잘했는지
동그라미를 쉴 새 없이 그려줍니다

봄, 봄옷

겨우내 숨바꼭질하던 봄이 말했다
아이 간지러워 알았어 나갈게

그녀가 나뭇잎을 헤집으며
얼굴을 내민다

봄비가 촉촉이 내리는 오늘은
그녀가 술래되는 날

겨우내 숨박꼭질하던 봄옷이 말했다
아이 간지러워 알았어 나갈게

그녀가 옷장 문을 열며
얼굴을 내민다

봄비가 촉촉이 내리는 오늘은
그녀가 집 나가는 날

시를 읽는 동백 外 2편

윤 순 묵

카톡에 보내준 봄 인사에 사랑 마크를 보내고
평화로운 시선으로 느긋하게 여유를 부리며 한강을 돌아보러 나간다
버글거리는 영동시장 건너편 6차선 학동로 골목길 따라
언덕배기 살포시 지나니 신사역이 나온다
그 길 따라 사이사이 돌아 건너다보면
빵집, 유난히 맛나 보이는 도넛 하나 입에 물고 사기를 충천한다
굴다리를 지나니 한강 변 넓게 펼쳐진 둔치엔
버들가지 하늘거리며 어릴 적의 버들피리를 들려준다
얼었던 강은 스스로를 구속에서 풀어놓고
칼바람 소리 윙윙대던 놀이터는 웃음에 잠겼다
겨우내 소금 팔러 갔던 소금쟁이는 언제 돌아올까 생각에 잠기는데
커플로 자전거 타는 멋쟁이들 날쎈돌이 아이들이 마냥 달아난다
둑에 앉아있노라니 무심한 인연으로 지나치는 유람선
화려한 멜로디가 늘어져 갈매기마저 여유 부린다
또다시 이어폰에 취해 발길을 재촉한다
군데군데 다정한 사랑의 밀어들이 꽃보다 더 소근대고
나는 언제 저랬었나 꿈속으로 빠져들 때쯤
미처 피지 못한 동백꽃 한 송이
웅그라진 손으로 하늘을 펼쳐들고 시를 읽고 있다

봄바람 당신

저를 만나러 오시면 안 될까요
햇살처럼 안아주시면 안 될까요
잔설이 사라지면 개나리 소식이 보이듯
그냥 그렇게 나를 보러 오시면 안 될까요
노을 물든 한강 매점에서 컵라면으로 눈물을 때워도
홍소를 터트리게 만드는 한 사람이 그대인 걸요
벙긋한 꽃망울로 더불어 걸어갈 수 없다 해도
하얀 눈을 녹이며 그냥 그렇게 보러 오시면 안 될까요
내가 저잣거리를 떠돌며 흐느적거릴 때도
내 마음 언저리에 사랑 꽃씨를 뿌린
한 사람이 당신이니까요

검불처럼 날려 와
보고픈 마음 달래주시면 안 될까요

산책로에서

강남의 파란 소리를 담고 사는 까치 공원
갈물 지는 산책로를 걷는다
박꽃 같은 햇살 알갱이가 길을 따라온다
내 발자국은 어깨를 들썩이며
품바 소리를 낸다
하늘 한 모서리를 차지한 보기 좋은 햇덩이
화사한 금빛 애견들 놀이에 빛이 더한다
포르르 나는 새소리가 꽃잎에 베인다
하얀 웨딩드레스 실루엣 같은 기쁨으로 걷는다
사랑을 두드리는 건반 소리인가
잔가지들도 어깨춤을 추고 있다
바람결 따라 너울치는 기대와 설렘
아직 펼치지 못한

시의 푸른 날개를 펼쳐본다.

가지가지 모두 가지 外 2편

이 명 희

라디오 속 가지가지 사연이
철판 위 볶음 콩으로 튀어가지
음표가 뛰어가지
연못을 지나는 빗방울이 뛰어가지
허공을 떠도는 하늘이 별들을 데려가지
검붉은 장미꽃은 새하얀 벚꽃을 데려가지
옹달샘은 시냇물 따라 강으로 가지
시냇물은 강물을 따라 바다로 가지
나는 길을 가고 또 가지
쇠비름보다 억세게 뻗어 가지
부러울 것 없이 잘살아 보려 애쓰며 가지
언덕을 넘고 울퉁불퉁 자갈길 건너가지
때론 입에 맞지 않은 떡을 꾸역꾸역 씹으며 가지
돈이 피해가지 명예가 피해가지 권력이 피해가지
사랑이 피해가지 가롯 유다가 울며 가지
재능 없는 열망이 코웃음을 치며 가지
길고양이 울음이 햇빛을 찌르며 가지
나는 가슴이 찢어져 햇볕에 싸매가지
바람 잘 날 없는 대추나무에 바람이 다녀가지
각자 다른 세상을 꿈꾸며 빈 통로를 달려가지

가지 못한 늦봄이 여름을 물고 절룩거리며 가지
가지가지 수많은 세상일에 나도 휩싸여 가지

돌배나무골 오솔길

애야. 너, 이름만 남았구나
너털웃음에 주절주절 이야기 매달던 너
어릴 적, 네가 살고 있는 골짝 지날 때
숨은 비밀 오글거려 무서움이 발목 잡았지
비 오는 날엔 어린 문둥이 슬피 울며 배고파 배고파
해질녘엔 마귀할멈이 숲에서 나와 있냐 없냐
어린애들 꼬셔 데려간다는 소문 때문이었어
하지만 아이들과 재잘거리며 갈 땐
너는 푸짐한 인심 베풀어 찔레순, 국수대순 내주고
웅성거리는 꽃들 달래 나비춤과 꿀벌들의 쇼도 보여 주었어
뻐꾹새 울고 단옷날 다가오면
산딸기, 오디 풍성하게 펼쳐 아이들을 불러 모았지
해 저문 줄 모르고 따먹다가 입술은 먹물 들었어
모래로 이를 닦고 부모님한테 둘러댈 말 지어내며
구불구불 너의 숨결에 헐레벌떡 달려가면
머슴 새가 쯧쯧쯧 혀를 찼어
비밀 통로 같은 너의 신비함은 두려움 속에 아름다움이 꿈틀거렸지
그러나 포클레인에 밀려 찻길이 되어버렸어
새콤한 서리 배 몇 개 선사하던 터줏대감도

더덕 향내 풍기며 아이들 붙들어줄 말 새겨주던 너도
이젠 이름만 떠돌아 구름 머뭇거리다 가는구나

하지감자의 웃음

때 이른 봄 그녀가 노점 좌판에 나와 앉아있습니다
그녀의 몸에서 밭고랑 흙내 풋풋하게 풍겨옵니다

애잔한 감자꽃 열매 주렁주렁 맺히면
할머닌 뿌리 밑 굵은 감자 따내고
덜 자란 감자 다독다독 다시 묻습니다
어머닌 달아 얇아진 놋숟갈 끝으로
감자 껍질 벗겨 여름해의 배고픔을 달랩니다

마을 앞 도랑엔 집마다 깐 감자가
가족 수 만큼 바가지, 양동이에 담겨
긴긴해의 버팀목이 되어 줍니다
밭김 메기에 허기져 헝클어진 여름 인심은
감자범벅 감자부침개가 달큼하게 풀어 줍니다
아이들의 즐거운 재잘거림이 골짝 깊숙이 스며듭니다

식량이 달랑거려 헛헛했던 그 시절 올감자가 활기찬 여름을 열었듯
이 감자도 포근포근 분가루 날리며 함박웃음 달아주었으면 좋겠습니다

월하미인 外 2편

- 선인장 꽃

이 형 근

하얀 달빛이 조요하고 짧은 밤

차가운 땀방울이 흘러내린다
혀에 돋아난 낯선 실루엣이 목 줄기를 타고 침샘을 넘기면
날갯짓하는 속눈썹이 가늘게 떨린다
순간, 몸이 잘게 부들거리며 알 수 없는 긴장감이 흐른다
호기심이 한 자락 드러난다
사르르 매끄러운 비단결 소리가 들린다
곱슬거리는 주홍 빛 머리카락이 창백해진 얼굴을 감춘다
이제, 바람의 볼이 송글송글 일렁이면
펼쳐지는 옷 벗는 소리가 조용히 흐른다

고개가 가련히 떨궈졌다
오갈 데 없는 큰 눈망울이 매혹적이다
비죽이며 올라오는 눈물을 속으로 삼키며
설운 입술로 이야기한다
또다시 하얀 겉옷 한 겹이 느릿하게 벗겨지면
창으로 들이치는 향기가 처절하다

벗겨진 옷들이 흐트러진다

고운 살결과 아름다운 자태에
나신이 하얗게 드러난 여린 몸이 엎드린다
이제, 실루엣에 가려진 잠든 밤이 지나니
새벽녘 슬픔은 정녕 말이 없다

황태 일기

산속은 언제나 자애로워 나 같은 죄인을 허락하였다
사순절 기간 동안 나는
날선 바람에 시련이 찾아와도
질정 없는 눈발에 고난을 겪어도 금식기도를 했다

치맛귀를 여미고 웅크린 채 열흘을 넘겼다
허기진 건 참을 수 있는데 목이 마르다
고드름을 따 먹는 건 괜찮겠지

보름째, 가풀막진 길을 뛸 듯 몸이 가벼워졌다
붕붕 떠 있는 건 정신이 혼미한 탓일까
잠시 나갔다가 다시 들어와 눕는다
한 낮인데도 긴 잠을 잤다

스무날 째, 웅숭그린 함박눈이 질척거리자
어째 몸에서 냄새가 나는 것 같다
배가 등짝에 달라붙었다
고비를 넘길 수 있을까

스물아홉 날, 누워만 있어도 시간이 잘 간다

언제 죽어도 죽을 몸이었는데 잘 죽을 수 있을 것 같다
맑고 청량한 봄바람이 온 몸을 감싸니 힘이 난다

은혜일까 사랑일까 삼일오일 째
꽃샘추위에 보드란 노란 속살이 돋아난다
깡마른 자태에서 윤기마저 흐른다

사십일, 구부러진 등 뒤로 십자가를 지니
햇살을 받아 퍼지는 윤슬이 반짝인다
부활절, 영혼이 흔들리는 횡계 덕장에서
나는 다시 깨어났다

환장할 봄 잔치

과로한 햇살이 몸져누웠나 보다
문지방을 건너 들어온 봄볕이 속살을 간질이면
홍안의 수은주는 꽃걸음을 재촉한다
졸음기 가득한 담장 너머로 꽃잎 바르르 떨구던
매화가 살포시 고운 미소를 내어놓는다
누굴 닮아서일까
금실에 시침하던 산수유는 노란 꽃자락을 툭 내밀며 깔깔대고
소도록하게 싹을 틔어낸 상사화
불쑥 고개를 내민 꽃무릇과 비교하지 말라며 튼실하게 자리를 깐다
빗방울 흠뻑 머금은 몽우리는 계절의 순례자다
두 손 모아 기도하던 목련이 벙긋하게 꽃 속에 꽃을 피우니
마침내 아무도 모르게 앙금질한 꽃시계는
주름진 탄성으로 벚꽃을 터뜨린다

심장에 봄을 들여 놓았나 보다
할 수만 있다면 오늘 하루쯤은 봄 만 마주하고 앉아
봄의 노래를 가슴으로 내어 받아들여야지
꿈꾸는 봄의 기둥에 입술을 맞추고
은빛 도는 햇살 속에 고운 기억의 풍경을 담아

연분홍 봄꽃 기차에 몸을 싣고 어디론가 떠나고 싶어진다
환장할 봄의 잔치에

바늘과 선 外 2편

이 혜 수

정해진 선을 따라 곧은 선에서 출발한다
탈선은 용납되지 않는다
탈선하는 순간 처음으로 돌아가 다시 시작해야 한다
평행선은 안정선이지만 긴장을 풀거나 이탈을 꿈꿔서는 안 된다
뒷걸음질 칠 때는 날카로운 신경이 오던 길을 기억하며 되새김질한다
길을 접은 두선이 겹쳐져 터널을 만들 때면 나는 헉헉대며 정교함을 더 구한다
귀를 빠져나간 구멍 사이로 바람이 불면 간이역에 잠깐 머무른다
가는 실선이 다시 들어오고 짧은 휴식은 점선처럼 그렇게 끊어졌다
능선을 돌고 돌아 돌아선 자리엔 기다림의 선들이 길게 늘어져 있다
난이도가 높은 곡선을 만나면 천천히 조심스럽게 지나며 위기를 넘긴다
뻣뻣해지는 몸이 서서히 굳어가고 걸음은 무겁게 옮겨지며 흔들린다
몇 방울의 유분으로 나를 달래주며 다시 조여준다
순종하는 버릇을 가진 나는 바로 유연해져
피곤함을 망각한 채 선 위를 달리고 있다

때로는 막다른 길목에서 혼선을 부르고 위선을 떨지만
오래가지 못하고 수선을 만들지 않게 한다
반복된 실수는 흔적을 남겨주기에
목적지까지는 경계를 늦추지 않고 완전 탈환을 꿈꾼다

수만 번의 땀선으로 도착한 종착역
그건 나만이 넘어올 수 있었던 고지였다

누가 해를 훔쳐 갔나

겹겹이 둘러싸인 늙은 고목이
눈을 가리고 귀를 막고 빛을 가린다
이름도 버려진 잡초와 썩은 잎들은
검붉어 가는 모습에 울상이다
수줍은 새색시 마냥 고개 숙인 체 떨고 있는 버섯은
제 독에 못 이겨 창백한 얼굴로 갈라져 가고
묵묵히 자리를 지키고 서 있는
장수도 장기전을 준비하지만
하나둘씩 떠나가는 병사들의
뒷모습을 보면서
홀로 남겨질 고독을 다진다
바람은 매서운 회초리가 되어
빠르게 시간을 옮겨놓아도
기억 속에 슬픔은 그대로다
처음부터였나 아니면 감춘 걸까 훔쳐 간 걸까
해가 들지 않는 깊은 골짜기
이별 놀이에 우울하다
물 위를 걷는 병사의 얼굴이 차라리 평화롭다
습한 냉기 속 터널을 벗어나면
그토록 보고 싶고 그리워했던 너를 만나겠지

너의 품에 안겨서 간절했던 그리움을 말하리라

너의 따스함이 내겐 얼마나 특별하고 필요했는지
누군가에게는 흔한 것들이 그렇게 소중했다는 걸…

기적을 소리로 듣는다

바람을 잘라 쓸어 담아도
빈 자루는 공허만 싸일 뿐 허전하다

트레일러 허덕이며 가슴팍 뚫고
잠든 호수 헤집는 고독한 낚시꾼
밤이슬에 담장 넘는 배고픈 고양이
책장 밑 누워 세월 좀 먹는 드라마
숙련된 노숙자의 메아리 없는 고함

그렇게

허허벌판 메마른 곳에서
걸음마 짓 하다 마라톤으로 달려도
던져 버린 인연 강을 건넜고
기회의 고리 술 잔 속에 묻혔다.
죽음 같은 하품 별을 몰아넣고
낙화의 비명 바이브레이션으로
도시를 흔들 때
무심 속 잠들어 있는 욕망
내 진입장벽은 비상구를 찾는다

허상이 비상으로 서성거린다

나는
기적을 소리로 듣는다

가슴에 이는 파도 外 2편

이 희 야

사량도 동강 건너 저 돌담 집 누가 살고 있을까
바람이 윙윙 대문을 닫으며 숨어버린다
상수영감은 할멈 따라 간 지 석 삼년이 되었다
담쟁이는 외로워 울타리를 짚으며 뒷밭으로 간다
강낭콩 따서 손주 보러 간다고 포대자루가 터진다
지팡이 짚고 중절모에 단벌 양복 입으면 막내아들 집이 눈앞이다
시아버지 밥상 한달음에 차려지고 밥상머리 맡에서 참새소리 지줄댄다
바다 속을 뒤져 오신 갈치 고등어 회를 한 입 넣어주신 마음의 보답이다

목선은 시아버지 생활전선이다
크루즈 유람선보다 귀한 추억이 담긴 타이타닉호다
험상궂은 쑤구미 지느러미에 찔려
하루 종일 소금자루에 손을 파묻고 울었던 기억에 지금도 손끝이 아리다
바다 구경 나간 한 때 그물 잡아당기시던 손 멈추고 해를 바라보신다
작업을 서둘러 뱃머리를 돌린다

집에 돌아와 어머니 밥상을 받아 앉으니 정오 때다
해시계가 시아버지 눈금에서 읽혀졌다
시아버지와 장독대 앞에 나란히 앉아 바다를 다듬던 그날이
어제같이 생각나 가슴에 파도가 친다

시를 만나러 가는 길

화요일 저녁이면 나는 서울로 간다
동굴 속에서 종주석들이 야광의 빛을 뿜어내는 도시
빌딩 높이만큼 최고의 사람들이 모인 도시
은하철도 999호를 타고 꿈을 나르는 도시
나는 그대를 만날 설레임에 봄을 움켜쥔다
만남은 강요를 끌어들이지 않는다
마법에 이끌리 듯 불빛을 달린다
그림자를 품은 야경이 매혹적이다
드러나는 실체보다 드러나지 않는 꿈이 좋다
내 속에 살고 있는 존재를 찾아보는 거다
별빛이 아름다운 것은 속삭임 때문
수많은 언어들이 별자리를 만든다

그대를 만나러 가는 길목
동면한 개구리들이 기지개를 편다
내 몸에 기억들이 사다리를 타고 올라 꽃이 된다

이정표와 나침반

결혼이 뭔지도 모르는 스무 살 때
사진 한 장 주고받으며 백년가약을 맺은 신부와 신랑
첫날밤에 신랑은 신부에게 홀시어머니를 모실 수 있느냐 물었다
고개를 끄덕일 수밖에 없었던 신부는
그 언약을 지키기 위해 사십 년이란 인고의 세월을 견뎌야 했다
사십대 초반에 혼자되어 오남매를 키워내신 시어머니는
그야말로 호랑이 중의 호랑이였다
아이를 잉태한 신부는 시시때때로 배가 고팠다
하루는 뒷밭에 옥수수 두어 개를 따 아궁이에 구워먹다가
그만 시어머니에게 들켜 이런저런 소리를 듣고 가슴 한 켠이 내려앉았다
아이 가졌을 때 기억은 평생을 간다더니
엄마는 아직도 서운했던 그 기억을 되뇌이곤 한다
돌아가신 시어머니는 한 맺힌 며느리의 심정을 모르시겠지
세월은 자식들에게 똑같은 부모를 만들었다
밥상머리에서 수없이 들었던 소소한 얘기들은
우리들에게 충분한 이정표가 되고 나침반이 된다

육십년을 함께한 지고지순 사랑의 결정체
엄마 아버지의 팔순에 무한한 감사와 존경을 드린다

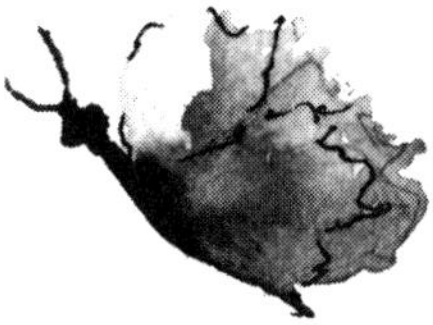

4부
다시 하늘을 날자

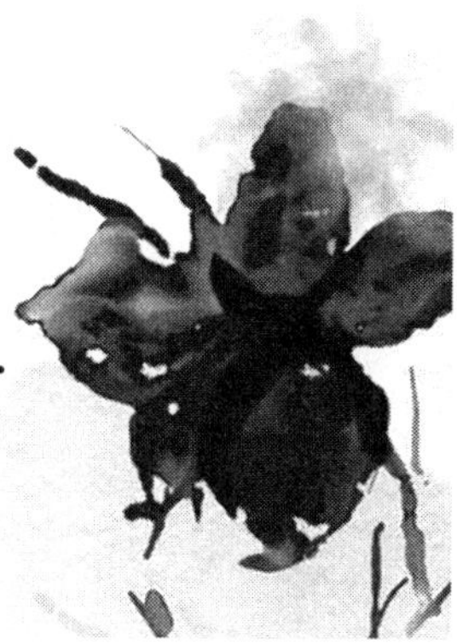

판다 外 2편

임 서 정

나는 판다곰을 애완용으로 기르고 있다

재래시장 노점엔 칠십도 훨씬 넘어 보이는 할머니가
광주리마다 가득담은 푸성귀들을 판다
한정식집 사장님에게 광주리에 담긴
돌미나리며 방풍나물 세발나물의 기운을 판다
소 값이 하락해 큰일이라며 한 숨 쉬는 명수아버지는
애지중지 길러온 자식 같은 정든 소를 내다 판다
대학은 명수 아버지의 뭉칫돈을 받고 명수의 졸업장을 판다
강남의 어느 룸살롱에선 각선미가 쭉쭉 뻗은 아가씨들이
밤마다 손님들에게 고달픈 웃음을 판다
그 고달픈 웃음에 박수치고 좋아라 장단 맞추는 남정네의
열린 지갑에서 콩나물 값 깎아 달라 흥정하는 마누라의 수고를 판다
삐에로 분장을 한 각설이는 오늘도 사람을 불러 모으고
현란한 춤과 요란한 가위질로 질긴 가난을 판다
엿판에 놓인 구멍 송송 뚫린 기다란 엿에서 나는
어릴 적 내가 엿하고 바꿔 먹던 고무신을 판다
중국은 국보라고 불리울만큼 귀한 판다 를 판다
에버랜드 판다월드에서 사람들 눈길을 끄는 판다는
대나무 먹던 고향의 그리움을 판다

밤늦은 시각 H홈쇼핑에서는 화장품을
G홈쇼핑에서는 명품 핸드백을 판다
낮에 커피를 많이 마신탓에 나는 채널을 돌려가며 밤잠을 판다
우리나라를 대표하는 모 대기업에서는 자식 빼고 다 판다는데
이번에는 또 무얼 팔지 오늘도 난 유심히 신문을 들여 판다

어느 곳에나 따라다니는 나의 판다

고향집 뒤뜰을 거닐다

우이동 계곡에 아침이 오면
나는 화단에 물을 준다
오늘 나는 하얗게 핀 채송화를 따라
고향집 뒤뜰로 간다
엄마가 심으신 맨드라미 채송화 도라지꽃이
탐스럽게 피어 있다
하얀 옥양목 앞치마를 두른 엄마가 거기 서 계신다
맨드라미를 수놓아 이불깃을 만드시고
채송화를 수놓아 책가방을 만드시고
도라지꽃을 수놓아 밥상보를 만드시는 중이다
예쁜 꽃잎들을 곱게 말렸다가
가을이면 방문마다 하얀 창호지에 수를 놓으셨다
지금은 안계시다고만 생각했던 엄마였다
그런데 여전히 고향집 뒤뜰에 꽃을 가꾸시고
하얀 옥양목에 수를 놓고 계신다
오늘아침 채송화가 데려다준 고향집 뒤뜰
이제 곧 재개발되어 아파트가 들어선다는데
다시 또 엄마가 이사해야 한다는 두려움에
한참을 그렇게 서 있었다
옷이 젖는 줄 도 모르고 호스를 땅에 떨어뜨린 채

서있는 내게 채송화가 비명을 질렀다
깜짝 놀라 돌아보니 흠뻑 물벼락을 맞은 채송화가
사립문 밖으로 뛰쳐나오고 있었다

민들레 홀씨

매년 이맘때면
꽃가루 알레르기로 힘들어하는 딸아이를 지켜보느라
나는 거의 매일 밤잠을 설치곤 한다
딸아이를 괴롭히는 꽃가루의 주범을 찾던 중에 나는 그녀를 만났다
그녀는 본래 뼈대 있는 민 씨 가문에서 태어났다
태어날 때부터 그녀는 이란성 쌍둥이였다
그녀의 동생은 눈이 부시도록 하얀 얼굴을 갖고 태어나
사람들에게 많은 사랑을 독차지하며 살았다
동생에게 사랑을 빼앗긴 그녀는
어려서부터 들로 산으로 다니며 외로움을 달랬다

그런 그녀가 사랑을 하게 되었고 얼마 지나지 않아
민 씨 가문이 가세가 기울어지면서 그녀는 모진 풍파에 시달리며 살았다
사람들에게 밟히고 찢기고 뽑히면서 질긴 목숨을 연명했다
그녀가 어느 날 일편단심 첫사랑을 찾아
방방곳곳을 헤매고 다닌다는 소문이 돌았다

그녀의 방랑은 언제 끝날 것인가

빈집外 2편

전 하 라

동네 어귀를 돌아서서 그의 집으로 간다
박 씨가 살았던 그곳에 최 씨가 산 지 일 년쯤 되었다
찾아오는 사람이 거의 없고
간간히 연기가 소름 돋을 정도로 나온다
최 씨가 이사 온 후부터 마을 사람들은 유독 그에게 관심을 갖는다
마을이 생긴 이후 외부인이 들어와서 사는 것이 처음이라고 한다
나는 종종 아버지 담배 심부름을 갈 때 최 씨네 집을 둘러서 간다
뭐하고 사는지 뭐 먹고 사는지 어떻게 생겼는지
나 역시 궁금했다
그러던 어느 날 엄마가 심부름을 다녀오란다
최 씨네 집에 국 좀 가져다주고 와
그 집에 들어서는 게 너무 무서웠지만
나는 그 집에 사는 아저씨도 궁금해서 다가가 조용히 불러봤다
그때 조용히 문을 밀고 나오는
아저씨는 체격이 크고 얼굴이 조금은 까맣게 보였다
왜 혼자 살까 왜 이런 시골로 왔을까 뭐하는 사람일까
생각이 맴도는 거리를 되돌아왔다
언제부턴가 그 집 앞을 지날 때면
알 수 없는 비린 냄새에 코를 킁킁대며 모퉁이를 돌아 학교엘 갔다
어느 날 오후 수업이 끝나고 돌아오는 길에

최 씨네 집 앞에 몰려 있는 사람들을 보았다
다들 입에서 꺼낸 말들은 '안 됐네'라는 말이었다
요양하러 온 지 일 년도 안 되어 복수가 차 죽었다고 한다
그래서 모퉁이를 돌 때마다 비릿한 냄새가 진동했나 보다
미소라도 한번 지어줄 걸 국만 전해주고 왔던 생각에
아직도 미안함으로 머리를 긁적거린다

물향기 수목원

모처럼 너를 찾아간 길
고운 햇살에 바람이 곱다
너를 따라 해바라기를 한다
네가 채반에 생선을 펼쳐 말리듯
나도 나를 펼쳐 일주일의 피로를 말린다
늘어난 너의 허리가 뒤뚱거린다
너의 햇살이 숨을 몰아쉬며 계절의 징검다리를 건넌다
왜 늦게 왔느냐는 너의 채근에 나는 사족의 시간들을 퇴고한다
수양버들 진달래 명자꽃
너는 주머니에 바람을 숨겨와 꺼내놓는다
민들레 개나리 버들강아지
너는 주머니에 웃음을 숨겨와 꺼내놓는다
호숫가 아이들은 봄볕을 튕기고
너는 물수제비뜨기가 한창이다
징검다리 건너가는 너의 발목이 초록이다
벤치에 앉아 떠들고 있는 너의 입술도 초록이다

봄볕이 들면 산으로 엄마와 진달래꽃을 따러갔었다
진달래꽃이 마대 가득 배부르면 머리에 이고 내려가는
엄마를 검정고무신 질질 끌며 가던 단발머리 간난이…

화주 속으로 스며든 연분홍 꽃잎이 육자배기를 한 판 구성지게 불러대면
어머니는 밭에 나가 반짝이던 봄볕을 오려다 무쳐냈다
스스로의 팔자를 가늠하던 콧수염을 쓰윽 닦으시며
바람을 묶으려고 애쓰다 가신 아버지의 쉰소리가 들린다

목련 독백

1.
설렘이 죄는 아니죠
싸돌아다니다 끌려왔네요
웬 놈의 서론이 그리 많은지요
궁시렁대는 보랏빛을 몰고 왔네요

2.
서럽도록 아름답고 싶어요
저 놈의 변덕 좀 봐요
뭐가 그리 당당하냐구요
저 잘난 맛에 산다잖아요

3.
억세게 운 좋은 년이라고 놀리지 마세요
백 평 정원의 부잣집 딸이라니까요
너희들, 다 죽었어
보랏빛 신소리를 쳐봅니다

4.
오라질 놈의 세상
저 빈정대는 것 봐라
누가 제깟 것이 부럽다 했는지요
제 잘난 맛에 떠들고 있네요

노을 外 2편

조 은 숙

을왕리 해수욕장에서 후배를 만났다
바다가 보이는 조개구이 집에서
소주를 마셨다

각종 조개와 새우가 익어가고
조개껍질이 탁탁 튈 때마다 소주는
넘어가고
옛사랑이 탁탁 고개를 내민다

평생 기억하라고 영종도 노을 앞에 이별을
말하던 잔인한 사람

그 하늘빛은 그대로이지만
옛사랑은 없다
옛사랑은 떠났어도 노을 앞에 선 나는
여전히 스물두 살
아직도 내겐 청춘의 파도가 물밀듯 밀려온다

출발선에서

군항제 인파가 어제보다는 많이 줄었다
비오는 일요일, 만개한 벚꽃이 빗방울에 날려
주차한 차의 창문이 꽃마차 같다

돌 지난 아들을 데리고 진해에 갔었다
벚꽃 빛깔 아이보리색 모자를 씌우고
목마 태우고 수령이 오래된 해군 사령부를 걷곤 했다
친구의 남편이 스타이던 관사에 들러
이등병이 타주던 커피를 마시기도 했다

이십 년이 지나 군대에서 제대한 아들 손을 잡고
그 길을 다시 걸었다
우리 네 명은 나란히 손을 잡고 우리들만의 언어를 했다
꾹 · 꾹 · 꾹
사 · 랑 · 해
세 번을 꾹꾹 누르면 다 알고 손으로 답을 했다

벚꽃은 엔딩이 아니라 초록의 출발선
제대한 스물세 살 청년이 출발선에 서 있다
나도 시의 출발선에 서 있고

참꽃

지난밤 오빠 친구들이 잔뜩 모여 마시고 간 흔적
영자 언니 정옥이 언니 혜자 언니도 왔을 테지
유년 시절 우리 집의 유일한 꽃병은 맥주병이었다

우린 산등성이를 오르며 입술이 파래지도록 참꽃을 따먹다가
윗동네 죽은 아가를 묻은 언덕에 핀 참꽃을 따 먹으면 죽는다는
어른들 말을 떠올리며 파란 입술로 소리지르며 뛰어내려오곤 했다

안방 중간방 사랑방 각 마루 끝마다 맥주병에 참꽃을 꽂으면
연분홍빛 향내가 온 집안에 퍼졌다
내 유년의 봄은 연분홍 참꽃이었다

안동 어떤 남고 시험문제에서 정답이 두견화였는데
전원이 참꽃으로 써 오답처리 했다가
여론에 못 이겨 결국 정답처리 했다는 전설도 훗날 알게 되었다

봄날, 유년 시절처럼 다시
이제는 내가 마시고 남긴 맥주병에
세상이 마시고 남은 나의 순수를 꽂는다

한삼, 이름을 작명하다 外 2편

임 진 이

되다 어찌 그리 못되었느냐
생김새는 멀쩡해서 한삼[3]이라 불러주니
네 세상인 양 싶으냐
어찌 그리 못된 행실로 이웃을 괴롭히느냐
그러고도 살아남기를 바라느냐
자자손손 멸문지화로 만들 것이니
후회해도 소용없을 것이야
그 오지랖, 설치는 바람에 네 이웃들 숨죽이고 사는 것을, 빳빳한 고개 좀 숙이고 살펴보려무나
종족을 그리 퍼뜨린다고 네 영토 네 나라 될 성 싶으냐
꿈도 꾸지 마라. 이제부터 너하고 전쟁이다
나는 너를 이제부터 한삼이 아닌 못된 풀이라 명명한다
어이쿠, 경을 칠 것들
이 못된 풀!

---

3) 한해살이 넝쿨 식물로 까끌까끌한 줄기의 왕성한 생 장력으로 주변 식물들을 햇빛도 바람도 볼 수 없게 습격하는데, 줄기에 가시가 빼곡하게 붙어 있어 사람의 살에 스치면 상처를 입을 수 있다.며느리밑씻개덩굴이라고도 불린다.

그림자놀이

아침 일찍부터 서둘러 집을 나섰다
여의도 사학연금회관엘 전철노선도를 보면서 찾아가는 길이다
모처럼 할머니노릇을 하러가는 길이라 그런지 발걸음이 사뿐하다
초등학생 4학년짜리 외손녀 피아노 콩쿠르가 있는 날
여유 있게 근처 꽃가게서 꽃다발도 하나 샀다
딸내미 때엔 사는 게 바빠서 못 갔던 전국학생피아노콩쿠르
오늘 외손녀의 모습에서 마음을 풀어본다
막이 오르자 그만그만한 어린 학생들이 보무도 당당하다
분홍색 머리 리본에 분홍색 드레스를 입은 아이들
얼마나 의연하게 잘들 치는지 귀엽고 앙증맞기만 하다
악보 없이도 앉자마자 망설임도 없이 건반을 두드리는 아이들
진행자가 드디어 59번을 부른다 외손녀 차례다
다소 튀는 듯한 초록색 드레스를 질질 끌면서 담담한 모습이다
제 몸 몇 배나 되는 커다란 그랜드피아노 앞에 앉는다
잠깐 호흡을 가다듬는 듯 하더니 익숙하게 연주를 시작한다
긴장하지 않는 듯한 꼿꼿한 자세로 연주하는 아이의 모습에서
딸아이의 지나간 모습을 본다
세월이 이만큼이나 껑충 뛰어넘은 봄날의 음악회
딸아이의 머리카락에서 씁쓸함이 스치듯 지나간다
돌아오는 길에 지하상가에서 허허로운 마음을 달래본다

옆구리 시린 호박

한동안 못 보더라도 맘 상해하지 말고
단단히 맘먹고 있어라
신신당부했는데 믿었던 너에게 속고 또 속는구나
잔혹한 그 앞에 그리도 쉽게 무너질 수가 있다니
이럴 줄 알았으면
차라리 개울 건너 참한 박 씨 댁으로 시집이나 보낼 걸…
이제 깨진 쪽박이니 어찌 할고,
모두가 내 탓이로다
겨우내 적막한 산장에 너를 가두고
사랑 한 줌 눈길 한번 안 주었으니
급기야 외로움에 병이 나고야 말았구나

청산을 베끼다 外 2편

한 상 현

1.
바람 같은 목마름
노을에 물든 운명을 비켜선 채
감당할 수 없는 생의 지표를 벗는다
허기진 발자국 기억의 빗장을 닫고
바람은 백만 개의 갈퀴로 심장을 헤집는다
어제는 잿빛 수의를 갈아입고
오늘을 묵시의 바다에 수장시키고 있다

2.
해가 떨어지는 핏빛 등대
출렁이는 바다도 입 다물고
조각난 상현달빛 처연하다
귀퉁이로 밀려난 서편제의 땅
청산은 날보고 느리게 가라하고
그녀는 날보고 빨리 가라한다
송화의 애끓는 휘몰이 장단에
노란 눈물 떨구는 유채꽃이다

3.
험한 삶의 파도
홀로선 어깨의 짐이 버거워
작은 고깃배만 보면 눈물이 난다는 그녀
추억은 시간이 지나도
삭제되지 않는 기억의 끈이기에
서로의 가슴에서 죽어가는 것이다
얼룩진 정념 바람에 새기고
청산은 과거 하나를 잘라먹고 있다

생각하는 플라타너스 잎사귀

눈을 감아봐
그냥 감아봐
뭐가 느껴져
먼저 공기를 느껴봐
아니 보려고 해봐
바람이 움직이는 것
솜털을 타고 움직이는 흐름을 느껴봐
세상에 있는 모든 걸 느끼려고 해봐
내면의 눈으로 허와 실을 찾아봐
오감을 극한으로 끌어 올리는 거야
눈을 감고도 볼 수 있는 시각
듣지 않고도 들을 수 있는 청각
만지지 않고도 만질 수 있는 촉각
맡기 전에 알 수 있는 후각
먹지 않아도 맛을 볼 수 있는 미각
달팽이를 떠올려봐
그리고 느껴봐
만질 수 없지만 머릿속에 떠오르지
바람이 떨구고 간 말을 생각해봐
슬픔을 알기에 행복도 알 수 있다잖아

상처가 있기에 치유가 있다잖아
늙은 바람 밀어내고 젊은 바람이 쉬지 않고 불어오고 있잖아
다섯 개 발톱이 마흔 두개 이빨을 드러내고
어제를 갈라먹고 내일을 미리 먹고
생각마저 갈라먹고 있잖아
12월이 간다고 1월이 안 오는 건 아니잖아
슬퍼하지마
비에 젖은 하늘도 웃고 있잖아

언어 발굴 현장

내 안의 나를 그려본다
바른 갈증과 이글거리는 욕망이 배출을 꿈꾼다
부서진 언어를 수습해 조각조각 꿰맞춰본다
살아있는 것 죽어있는 것들을
내 안에선 살아있는 것을 죽이기도
죽어있는 것을 살리기도 한다
나는 속살 뽀얀 은유 근육 좋은 비유
탄력 좋은 성찰을 꿈꾸며
길게 자란 상상을 가위질 해보지만
오탈자가 관절을 포기한 채
기둥 없는 기둥을 묘사하고 있다

무의식 세상을 표류하고 있다
삭제된 기억을 헤집어보아도
복제된 아날로그 칩을 벗겨봐도
나는 나를 찾아 헤매고 있다
폐허에 널부러진 나를 보고
공중에 매달린 생각이 웃고 있다

오늘도 시 한 줄 얻으려고
화석이 된 언어를 발굴하고 있다

구름에게 보내다 外 2편

한 지 영

가슴 버거운 사연 보낼 곳 없어
두 팔 벌려 하늘을 안았네
여유로운 구름에게 사연 한 짐 부려놓고
그를 따라가 보네
사연 실은 정착지 어디쯤일까
기쁜 사연이야
이 내 기쁨이라 자랑 같아 할 수 없고
아픈 사연이야
어디 나만 아플까 싶어 내 몫이라 할 수 없네
차곡차곡 쌓인 사연들
곰 삮아 향기로 피어날까
싸한 바람이 공기를 몰고 온다
길게 들여 마신 호흡 속으로
날숨이 어깨를 나란히 하며 자리를 찾는다

고무나무의 눈물

주위를 빙빙 도는 총각의 눈 화살이 예사롭지 않습니다
시집을 보내야 하는 급한 마음이 도래질을 합니다
흠이라도 잡히면 혼삿길 놓칠세라 얼른 녀석을 살핍니다
녀석의 얼굴에 누런 반점이 보입니다
다짜고짜 녀석을 수술대로 옮겨 성형을 시작합니다
갈고 닦은 솜씨를 발휘하며 전문의답게 얼굴을 예쁘게 만듭니다
그런데 어쩌면 좋습니까
녀석이 하얀 눈물을 토해내며 서럽게 웁니다
눈물이 멎지가 않습니다
옷이 온통 눈물범벅입니다
핏줄을 다친 건 아닌지 가슴이 아픕니다
일찍이 이렇듯 쏟아내는 눈물을 본 일이 없습니다
녀석의 마음을 헤아리지 못하고 내 생각만 했나 봅니다
원래 과묵한 성격이라 말이 없어 몰랐습니다
눈물을 닦아주며 상처를 보듬고 또 보듬습니다

내 안에 가시 하나 뽑아냅니다
녀석이 눈물을 걷어내며 환하게 웃어줍니다

로망의 책

태양이 문을 닫으면 나는 그녀의 품으로 파고든다
하루하루 2보를 200보로 종종이는 그녀에게 다독다독
화색이 돌게 하는 나는 그녀의 오로지로 산지 오래다
나는 한 겹 한 겹 옷을 벗으며 속살을 드러내 그녀를 신천지로 데려간다
나의 팔색조의 근육질을 좋아하는 그녀가 미치도록 좋다
그녀의 눈에 매달린 불청객을 쫓는 파수꾼도 불사한다
나는 그녀가 한 눈을 팔 때면 번개를 불러 동창들을 감전시키고
요술 신발을 신겨 희로애락 멋진 밤을 보낸다
나는 언제부터인가 그녀의 스토커가 되어
벌건 대낮에도 반경 그녀만 따라 다닌다
그녀의 일터 조력자들 따가운 눈총이 가시로 찌른다
눈치 없이 기린이 된 나는 까만 눈을 굴리며 바라기를 한다
외출을 할 때면 그녀의 허리를 휘감으며 룰루랄라 동행에 나선다
찰떡궁합 나의 동반자 나는 그녀를 떠나서 살 수가 없다
그녀와 시도 때도 없이 뒹굴 수는 없나요
매일매일 알몸이 되어
내 몸에 총총히 박힌 검은 속살의 매력을
그녀에게 보여 줄 수는 없나요
그녀의 영원한 로망이고 싶거든요

구름 外 2편

한 성 춘

구름이 산발한 채 산마루를 넘고 있다
구름이 활짝 피어 흰 구름
구름이 울 듯 말 듯 하여 먹구름
구름이 양떼처럼 순해 양떼구름
구름이 두둥실 떠올라 뭉게구름
구름 같은 집을 짓고 사는 초부유층 구름도 있다
구름은 떼를 지어 바람과 함께 다닌다
구름은 바람과 사랑하는 사이지만
구름은 바람의 바람기도 사랑한다
구름은 이 바람 저 바람 따라 밀회를 즐긴다
구름은 이 바람에 바람맞고 저 바람 따라 가기도 한다
구름이 남겨둔 바람은 다른 구름 안고 간다

구름판을 밟고 구름문을 지나
구름다리를 건너 햇빛을 피해
구름을 잡으러 산마루로 간다
구름을 담을 큰 망태 메고 간다
구름이 구름을 덮고 있다
구름장이 뭉게뭉게 많은 길목을 지키고 있다
구름 같은 집으로 쳐들어간다

구름이 어리둥절해 한다
구름을 너 댓 송이 포개어 넣었다
구름 망태가 수북하다
구름이 찡그린 얼굴로 쳐다본다 나는
구름 잡는 얘기를 했다 그랬더니
구름이 내게 핀잔을 준다
구름 잡는 얘기는 하지 말랬지

구름은 아무리 굴러도
구름을 마다하지 않는다

걸어 다니는 가로등

쿵
호박 떨어지는 소리에 꿈을 깼다
여기가 어디냐 천당이냐 지옥이냐
얼른 일어나 사지부터 만져봤다 멀쩡했다
머리도 멀쩡했다 검정 챙 모자가 헬멧 몫을 한 것이다
안도의 한숨이 묻어나왔다
덮쳐오는 열차를 선로가 힘껏 끌어 당겨 세웠지만
이미 열차는 다리를 지난 뒤였다
학생, 괜찮아요
다리 위쪽에서 기관사가 물어온다
그리고 아무 일 없었다는 듯 열차는 제 갈길 간다

번개처럼 지나간 틈새였다
나는 열차를 피해 철길 다리 위를 허겁지겁 달리고 있었다
철길 다리 건너기 전 뒤돌아보지 않은 것이 탈이었다
한 발자국 헛디뎌 다리 하나가 침목 사이로 빠져버렸다
상체는 다리 위에 넘어지고 열차는 들이닥치고
생의 마지막 모서리까지 가보았다
순간 비스듬히 선로와 침목 모서리가 보였다
다리가 출렁인다

그대로 두 팔로 선로와 침목 모서리를 차례로 잡고
있는 힘을 다해 나의 생을 잡아당겼다
다리 밑으로 굴렀다
두 다리가 맨 나중에 빠져 나오면서 정신을 잃었다

우리 집과 시골 기차역 사이에
걸어 다니는 가로등이 생긴 건 그 이후다
어머니의 가로등이
매일 새벽 일찍, 저녁 늦게 길 밝히고 나오셨다
까마득한 기차 통학 때의 일이다

칠판지우개

너는 암벽등반을 즐긴다
그러나 전시에는 전선을 오르내리는 혁명투사가 된다
탱크를 몰고 전선을 돌격한다
혼란과 혼돈이 짓밟히고 아우성이다
미처 빠져나가지 못한 오류도 무참히 쓰러진다
독재와 불평등은 망명한지 오래다
헐벗은 지식의 파편들도 튀어나간다
낡고 병든 전선을 일거에 무너뜨린다
나가떨어지는 공포들
탐욕스럽게 전진과 후진을 반복할 뿐이다
너는 유혹에 흔들리지 않는다

전선을 평정한 후 너는 새로운 세상에 길을 열어준다
도망간 혼란과 혼돈이 질서를 데리고 와 동참한다
쓰러진 오류도 일류로 바뀌어 나타난다
자유와 평등도 해외에서
호시탐탐 혁명에 동참할 시기를 엿보고 있다
진리와 정의가 찾아와 깃발을 꽂고
이상은 높은 곳에 이미 와있다
희망이 앞 다퉈 몰려나와

새 옷을 입고 찾아오는 지식을 반갑게 맞이한다

너로 인해 나는 생을 다시 쓴다

그리움 따먹기 外 2편

홍 명 자

아들과 정릉 뒷산을 오른다
알싸한 진달래꽃 한 움큼 따서 입에 넣는다
은은한 향기가 입안으로 번진다
유년 시절의 그리움에 목줄이 아리다

진달래꽃이 그렇게 맛이 있어요?
아들이 묻는다
그래 맛있지 그리움의 맛이니까
너는 아마 이 맛을 죽어도 모를 거다
아련히 떠오르는 어머니의 그리움 맛이다
세 오라버니의 가슴 아린 보고픔 맛이다
몇 해 전 떠난 가슴 맺힌 여동생의 맛이다

진달래꽃 한 움큼 입에 물고 향수에 젖어본다
진달래 향내 속에는 참 여러 사람이 사는구나

봉정암 가는 길

신비스런 분위기를 자아내는 설악산
내 몸에 나무 한 그루 심는다
자연이 뿜어내는 숨결들
산 물 바람이 나를 자라게 한다
사람이 주는 상처도 우직하게
받아주고 품어주는 푸근한 산
살아 천 년 죽어 천 년이라는 주목이
설악골을 눈부시게 받쳐준다
그 옛날 자장율사께서 인도에서 모셔온 부처님 뇌사리를 모실 장소를 찾아
금강산을 누비며 다니실 때 봉황새가 나타나 안내한 곳
설악산 봉정암
부처님 모습이 바위 정수리로 들어갔다 해서 지어진 이름 봉정암
불자들이 마음에 안식을 찾아
임을 찾아 행복을 찾아 전국에서 모여드는 구나
설악산 정상 부처님 뇌사리탑 장엄하기도 하여라
여유를 찾아 떠난 그 길에
부처님 뵈러가는 그 길에서 벅찬 감격에 목이 아려온다
내 가슴 속 푸른 소나무 한 그루
푸르게 푸르게 자라고 있다

다시 하늘을 날자

나뭇가지에 작은 새 한 마리 앉았다
날개 펼치며 하늘 날던 꿈은
어디에다 두었을까
같은 꿈을 꾸며 함께 날던 친구들
어디에서 잃어 버렸을까
너도 나처럼 외롭고
쓸쓸해 보인다
진초록 푸르름이 대지를 덮었는데
힘써 날아올라 저 숲으로 가면
꿈꾸던 사랑 펼칠 수 있을지
모르는 일 아니랴

우리 다시 날개를 높이 펼치고
아름다움을 노래하자

국립중앙도서관 출판예정도서목록(CIP)
가슴에 이는 파도 : 고려대평생교육원 엔솔로지
지은이: 임서정 외. -- 서울 : 문학공원, 2016
p. ; cm
ISBN 978-89-6577-191-3 03810 : ₩10000
한국 현대시[韓國現代詩]
811.7-KDC6
895.715-DDC23 CIP2016016963

2016년 1학기
고려대학교 평생교육원 시창작과정 엔솔로지

가슴에 이는 파도

초판인쇄일 2016년 7월 14일
초판발행일 2016년 7월 20일

지은이 : 임서정 외
발행인 : 김순진
편집장 : 전하라
디자인 : 김초롱
펴낸곳 : 문학공원
등 록 : 2004년 3월 9일 제6-706호
주 소 : 우편번호 03382 서울 은평구 통일로 633
녹번오피스텔 501호 스토리문학사
전 화 : 02-2234-1666
팩 스 : 02-2236-1666
홈페이지 : http://cafe.daum.net/yob51
이메일 : 4615562@hanmail.net